见识城邦

更新知识地图　拓展认知边界

[英] 理查德·道金斯 ______ 著
夏南 ______ 译

Richard Dawkins
道金斯科学入门

Outgrowing God:
A Beginner's Guide

中信出版集团 | 北京

图书在版编目（CIP）数据

道金斯科学入门 / (英) 理查德 · 道金斯著 ; 夏南译 . -- 北京 : 中信出版社 , 2020.11

书名原文 : Outgrowing God

ISBN 978-7-5217-1962-8

Ⅰ . ①道… Ⅱ . ①理… ②夏… Ⅲ . ①宗教—青少年读物 Ⅳ . ① B9-49

中国版本图书馆 CIP 数据核字（2020）第 103464 号

道金斯科学入门

著　　者：[英] 理查德 · 道金斯

译　　者：夏南

出版发行：中信出版集团股份有限公司

（北京市朝阳区惠新东街甲 4 号富盛大厦 2 座　邮编　100029）

承 印 者：北京通州皇家印刷厂

开　　本：787mm × 1092mm　1/32　　印　　张：9

插　　页：4　　字　　数：150 千字

版　　次：2020 年 11 月第 1 版　　印　　次：2020 年 11 月第 1 次印刷

京权图字：01－2020－0729

书　　号：ISBN 978－7－5217－1962－8

定　　价：68.00 元

献给威廉

以及所有觉得自己年纪够大

可以决定人生的年轻人

目录
CONTENTS

第一部分　上帝，再见

第二部分　进化论以及更远的事情

上帝，再见

第一部分

PART I

第一章

好多的神啊！

你相信神吗？

相信的是哪个神？

放眼世界，纵观古今，令人类顶礼膜拜的神祇不计其数。多神论者（polytheist）会同时信奉很多位神祇。这个词的词根 theos 在古希腊语里意思就是“神”，而 poly 的意思就是“多”。

在北欧神话里，沃坦（又名“奥丁”）是维京众神之首。其他的北欧神祇有光辉美丽之神巴德尔、提着大锤的雷神索尔和他的女儿斯露德，还有一群女神：智慧女神斯洛特拉、母性之神弗丽嘉、海洋女神澜。

古希腊和古罗马人也是多神论者。在维京人的北欧神话中，神祇和人类一样有着七情六欲。希腊神话的十二主神在罗马神话里往往有着与之相对应的神。在罗马神话里，他们管的事情也差不多。比如，万神之神宙斯掌管着雷电，而他的罗马名字叫朱庇特；宙斯的妻子赫拉在罗马神话里叫朱诺；希腊的海神波塞冬也就是罗马的海神尼普顿；爱神阿佛洛狄忒在罗马叫维纳斯；众神的信使赫耳墨斯脚踩插翅的凉鞋可以自由飞翔，而在罗马世界里他被称为墨丘利；酒神狄俄尼索斯又名巴克斯。而在现存的宗教信仰当中，印度教也是个多神教，那里面的神也是成千上万。

在古希腊和古罗马，不计其数的信徒觉得那些神是真实存在的。他们向神祈祷，用动物献祭。运气好的时候，他们对神感恩戴德；运气背的时候，他们又对神颇有微词。可我们怎么就能知道这些古人说得不对呢？为什么现在就没人再信宙斯了呢？我们没法得到确定的答案。但是，即便我们对于这些上古大神满怀敬意，我们当中的大多数人仍然可以信心满满地说自己是个“无神论者”（atheist）。在英语里，theist 指的是“有神论者”，加了表示否定的前缀 a-，那就是指不信神的人了。古罗马人一度给早期的基督徒贴上无神论者的标签，因为他们既不信朱庇特，也不信尼普顿以及罗马诸神中的任何一个。不过，今天的我们如果说谁是“无神论者”，那意思是他什么神都不信。

不管是朱庇特、波塞冬、雷神索尔、维纳斯、丘比特，还是斯洛特拉、战神玛斯、奥丁、阿波罗，我统统不信。我觉得，你们跟我一样。我也不信古埃及神话里的奥西里斯、托特、努特、阿努比斯以及他的兄弟荷鲁斯。就像耶稣以及全世界很多其他的神一样，荷鲁斯据说也是由一个处女生下的。同样我也不信古巴比伦诸神，比如哈达德、恩利尔、安努、大衮、马尔杜克等。

我不信非洲的那群太阳神——安延吾、马吾和恩盖，又或者是澳大利亚原住民部落尊崇的太阳女神们——比拉、诺威、瓦拉、乌里优普拉尼利、卡劳尔等，还有凯尔特神话里的男女诸神——爱尔兰的太阳女神埃戴恩和月亮之神埃拉哈。对于中国的海神妈祖、斐济的鲨鱼之神达库王加、赫梯人神话里的海中蛟龙伊鲁扬卡，我的态度也是如此。那么多的天神、河神、海神、火神、太阳神、星宿神、月亮神、天气之神、林中之神……我不信的神实在太多了！

我还不信耶和华，也就是犹太人所说的上帝。但是，如果你在一个犹太人、基督徒或者穆斯林家庭长大，很可能你会信他。这一本来属于犹太人的神被基督教和伊斯兰教借用，在伊斯兰教里他的名字叫安拉。而基督教和伊斯兰教是早期犹太教的分支。基督教《圣经》的第一部分[①]就完全是从犹太教借来的。而伊斯兰教的经典《古兰经》也部分取自犹太教的典籍。这三种宗教——犹太教、基督教和伊斯兰教也经常被统称为“亚伯拉罕诸教”，因为这三者都可以追溯到神话中的元老人物亚伯拉罕。亚伯拉罕也被犹太人奉为民族始祖。我们还会在后面的章节里看到亚伯拉罕。

---

① 指的是《圣经 · 旧约全书》（以下简称《旧约》），犹太教称为“塔纳赫”（Tanakh）。犹太教并不承认《圣经 · 新约全书》（以下简称《新约》）为《圣经》正典的一部分。——译者注（本书如无特殊说明，注释均为译者注）

这三种宗教也被叫作一神教，这是因为他们的信徒宣称只信一个神。我用了“宣称”一词，这也有很多原因。今天，耶和华算得上是居于至高地位的主神了。这也是为什么我提及其名号之时，God 的首字母 G 得大写。不过，一开始对耶和华的信仰却是非常小众的，他只是古以色列人[①]的部族之神。古以色列人相信自己作为“上帝的选民”被耶和华佑护。（基督教的广泛传播其实是历史的偶然。公元 312 年[②]，君士坦丁大帝皈依基督教，并承认其在罗马帝国的地位。这也使得今天全世界崇拜耶和华的人为数甚多。）周围的部族也各自拥有自己心中的上帝，他们都相信自己可以得到上帝的保护。当以色列人崇拜自己的部族之神耶和华的时候，也并非一定要将其他部族的神祇全盘抛弃。比如，他们并不排斥迦南人的丰饶之神巴力。他们只是认为耶和华更为强大，而且他非常爱嫉妒（我们后面会看到），一旦他抓住你在跟其他部族的神眉来眼去，那你就会遭到报应。

现代基督徒和穆斯林所奉行的是否符合一神论的定义也有待商榷。比如，基督教和伊斯兰教里都有邪恶的“魔鬼”。基督教称之为撒旦，伊斯兰教则称之为晒衣陀乃（Shaytan）。

---

① 公元前 10 世纪，以色列联合王国分裂为两个分立的犹太人王国，北方 10 个支派组织以色列王国，其国人称以色列人，南方两支派组织犹大王国。公元前 721 年以色列王国灭于亚述，其民逐渐为其他民族所同化。此后，古以色列人即泛指仍保持民族特征的犹太人，主要为犹大王国的后裔。

② 应为 313 年。该年罗马皇帝君士坦丁和李锡尼（罗马东部的皇帝）共同颁发《米兰敕令》，宽容基督教。

他还有许多其他的名字：别西卜、老尼克、恶灵、敌对者、贝利亚、路西法。信徒们不会称魔鬼为神，但是也当他拥有神一样的强大魔力。如他们所见，魔鬼带着邪恶势力耀武扬威，向代表着善良一方的上帝发动大规模的战争。一种宗教经常从更久远的宗教中汲取某些灵感。要说波及全宇宙的善恶大战，这个概念很可能来自琐罗亚斯德教。这一早期宗教由波斯先知琐罗亚斯德创立，也影响了“亚伯拉罕诸教”。琐罗亚斯德教拥有双神系统：善良之神阿胡拉·马兹达与邪恶之神安格拉·腊曼纽分庭抗礼。今天还有一些琐罗亚斯德教的信徒，他们主要生活在印度。这又是一种我不信的宗教，可能你也不信。

有一种针对无神论者的指控更奇葩：他们信仰魔鬼。这种论调在美国和伊斯兰世界尤其常见。当然，正如他们不会信仰善良之神一样，无神论者也不会信仰邪恶之神。无神论者不相信任何超自然现象的存在。只有信教的人才会相信有魔鬼。

其实基督教差点儿也可以被算作多神教。在基督教信仰中，“圣父、圣子、圣灵”被表述成“三位一体”。这究竟是什么意思呢？多少个世纪以来，人们为此争论不休，甚至大打出手。这听上去是把多神论压缩成一神论了。如果你称之为三神论，那也不会有人跟你计较。基督教的第一次大分裂[①]把统

① 指的是1054年罗马教皇利奥九世和君士坦丁堡牧首米海尔·凯鲁拉里乌斯互相开除了对方的教籍。

一的教会拆成了东正教和西边的天主教。而这次争端源于信徒在以下问题认识上的分歧：圣灵究竟是“出于”（proceed from）圣父和圣子，还是仅仅“出于”圣父？（很难说这个“出于”究竟是什么意思。）这的确是一个值得神学家花时间思考的问题。

还有一个问题涉及耶稣的母亲马利亚。对罗马天主教来说，虽然马利亚拥有神一样的地位，但她没有神的名分。天主教徒尽管不把马利亚当作女神看待，但还是会向她祈祷。天主教徒相信她“无染原罪”。这是什么意思？天主教相信人是生而有罪的，虽然你可能觉得小宝宝那么小不太像有罪之人。不管怎么样，在天主教徒看来，虽然我们所有人都从世间的第一个男子亚当那里继承了原罪，但马利亚和耶稣一样是例外。可事实上亚当这个人从不存在，所以谈不上有罪。不过天主教的神学家可不会为这样的细枝末节分心。我们最终都会死去，但天主教徒还相信马利亚和我们不一样。她的肉体得以“升”入天堂。他们将马利亚描绘成“天国的王后”（有时候甚至是“宇宙的王后”），给她的头顶加上了王冠。至少，他们所做的这一切把马利亚变得更像神了，仿佛她就和印度教里千千万万的女神一样（不过印度教徒认为这许许多多的神都只是一位神的不同化身）。如果说古希腊人、古罗马人、维京人都是多神论者，那么天主教徒莫不如是。

罗马天主教徒也会向圣人祈祷。有些已经死去的人会被教皇“封圣”，他们也因此被赋予特别的神圣意味。教皇若望·保禄二世任内给 483 人封圣，而现任教皇方济各仅仅一天之内就给不少于 813 人封圣。圣人们往往被认为拥有特殊才能，所以教徒们也值得为了特别的事宜向他们祈祷，某一类信众更是会专门向某位圣人祷告。

圣安德烈庇护鱼贩；圣伯尔尼沃德保佑建筑师；圣卓戈关照着咖啡店主；圣歌玛禄守护着伐木工；圣莉德维娜则为滑冰的人送上祝福。如果你想更有耐心，天主教徒会建议你去拜一拜卡夏的圣人丽塔；如果你对信仰产生动摇，试试圣十字若望；如果你情绪低落或者饱受精神问题的折磨，那最好去圣丁芙娜的面前碰碰运气；罹患癌症的病人可以去求助圣佩莱格里内；你的钥匙要是丢了，圣安多尼便是你需要的人。而且，天主教还有很多天使，等级也不少。最高等级的是六翼天使，下面还有天使长，一直到守护你的专属天使。同样，天主教也不认为天使是神，甚至半神也算不上。天主教的信众们还会抗议说：我们不是真的向圣人们祈祷，我们只是让他们在上帝面前说些好话。穆斯林相信天使，他们也相信有恶魔的存在，称它们为“镇尼”（djinn）。

马利亚、诸多的天主教圣人、天使长，还有那许许多多的天使……他们算作神，或者半神，或者什么都不算，我觉得这些都不重要。关于天使是否算作半神的争论很大程度上就跟讨论仙子和精灵是不是一回事差不多。

大概你既不信仙子也不信精灵，但很可能你在三种亚伯拉罕宗教（犹太教、基督教、伊斯兰教）的氛围中长大。我本人就是在一个基督教家庭长大的。小时候我去基督教学校读书，13 岁的时候成了英国国教会的一员，可 15 岁我就放弃了基督教信仰。这是因为我 9 岁的时候就想通了一件事：如果我出生在一个古代维京人的家庭，我便会对奥丁和索尔深信不疑；如果我在古希腊长大，我就会去崇拜宙斯和阿佛洛狄忒；如果我生在现代的巴基斯坦或者埃及，我就会相信耶稣只是一个先知，而并非基督教牧师教给我的那样——耶稣是上帝之子；如果我有信奉犹太教的父母，我就会还在苦等曾许诺终会降临的救世主弥赛亚，而在基督教学校里，老师告诉我说耶稣就已经是弥赛亚了。人们生活在不同的国家，不管他们国家信仰一神还是多神，他们都会从父母那里直接把信仰拷贝过来。这些信仰互相矛盾，所以不可能都对。

如果有一种信仰是真理，凭什么它就一定是你碰巧从你的出生国继承来的那个呢？“要是每个孩子都跟父母信一样的宗教，这个教就会一直是千真万确的那个了！这不是挺了不起的吗？”我最讨厌用父母的宗教信仰给年纪轻轻的孩子贴上标签：“天主教儿童”“新教儿童”“穆斯林儿童”。这些孩子还没学会说话的时候，我们就听人这么评价他们了。话都不会说，哪儿会拥有宗教立场！对我来说，这就跟用“社会主义儿童”“保守主义儿童”等说法评价一个孩子一样荒唐。没人会用这些词形容孩子，我想也没有人会说“无神论儿童”。

今天，要形容一个人不信神，还有一些别的词。很多人就算不相信任何一个具名的神，也不愿意用“无神论者”这个词指代自己。有的人只是说："我不知道，我们没法知道。"这些人就会叫自己"不可知论者"。这个词来源于古希腊语，意思是"不知道"。托马斯·亨利·赫胥黎最早发明了这个词。他是达尔文的朋友，也被称作"达尔文的斗牛犬"。要么是因为达尔文太害羞，要么是他太忙或者身体不太好，总之在公共场合他不太据理力争，这个时候赫胥黎就会挺身而出捍卫达尔文的学说。那些说自己是不可知论者的人认为上帝存在与不存在的可能性差不多。我觉得这么说站不住脚，赫胥黎应该也会这么觉得。我们不能证明仙子真的就不存在，但是那并不意味着我们觉得仙子存在或不存在各有一半的概率。有些不可知论者更讲道理，他们会认为很可能任何形式的神灵都不存在，即便他们也没有办法确信这一点。但有的不可知论者就会说：也不是不可能有神，但究竟如何我们无从知晓。

还有这样一些人：他们不相信任何具名的神，但是仍然渴望得到"某种更高等级力量"和"纯粹精神存在"的眷顾。或者他们还崇拜一种创造性的智慧——"除了知道它设计了整个宇宙，它是什么我们一无所知。"这就等于在说："好吧，我不信上帝（大概指的是亚伯拉罕诸教里的上帝）。但是我不相信这就是世界的全部，一定有什么其他更加超越现实的东西。"

这些人叫自己"泛神论者"。泛神论者对于他们相信的是什么有点儿说不清楚。他们会说"我的上帝是万物""我的上帝是自然""我的上帝是宇宙"，或者"我的上帝是世间我不了解的万物所隐藏的深层秘密”。伟大的爱因斯坦谈到过“上帝”，他的意思就跟上面提到的最后一句差不多。这里的“上帝”不太一样，因为上帝在“亚伯拉罕诸教”里会聆听祷告，看透人内心深处的所思所想，对人的罪行施以饶恕或惩罚。爱因斯坦曾明确表示他个人心目中的上帝可不干这些事。

还有一些人叫自己“自然神论者”。自然神论者不认同人类历史上成千上万具名的神，但是和泛神论者相比，他们所信仰的东西又更加明确一些。他们相信发明了宇宙法则的创造性智慧。这种智慧力量在时空缘起之时设定了万物的运行规律，打那以后，它就坐在那儿什么也不干，任由万物根据自己定下的法则自生自灭。有几位美国的开国元勋，比如托马斯·杰斐逊和詹姆斯·麦迪逊就是自然神论者。如果他们生活在达尔文之后的年代而不是 18 世纪，我觉得他们没准儿也会是无神论者，不过这点我现在证明不了。

人们说自己是无神论者的时候，并不是说他们可以证明神不存在。从严格意义上来说，没有办法证明什么东西“不”存在。我们也不能确切知道世上没有神。仙子、精灵、小妖精、淘气鬼、矮妖、粉红独角兽……我们没法证明它们真的不存在。我们也同样没法证明圣诞老人、复活节兔子或者牙仙就不存在。你能想象得出来而别人又不能证伪的事情数以亿计。为证明这一点，哲学家伯特兰·罗素曾用文字进行过生动描绘。他说：如果我说有一只瓷茶壶在轨道上围绕着太阳运行，你不能证明我说的不对。但是，无法证明一件事不存在并不足以说明它就存在。从严格意义上来说，我们都应该是“茶壶不可知论者”。在实践中，我们是“反茶壶派”。你可以做一个“反茶壶者”“反仙子者”“反精灵者”“反独角兽者”“反凭空幻想者”（不管你凭空幻想出来的是什么），也可以同样做一个无神论者，虽然从技术上来说，这也是一种不可知论。

严格地讲，对那数以亿计想象出来又没人可以证伪的东西，我们应该都报以不可知的态度。但我们不会因此相信它们真的存在。除非有人拿出值得我们相信的理由，不然我们费劲试着去相信都是浪费时间。对于索尔、阿波罗、澜、马尔杜克、密特拉和山上的朱朱大神，我们采取的就是这个态度。那更进一步，对于耶和华和安拉，我们就不能也这么考虑吗？

我曾说“直到有人拿出理由”，确实有很多人拿出了理由。他们相信这些理由足以支撑我们去信仰这个神或那个神，抑或是不具名的“更高等级力量”“创造性智慧”。所以我们得看看它们究竟是不是站得住脚。这些理由之后在本书里都能看到，特别是本书的第二部分，我们会讨论进化论。

进化论是一个非常宏大的命题。为此，我只需先指出一点——进化论的存在是一个不争的事实。我们是大猩猩的表亲，和猴子的亲缘关系会稍微远一点儿，和鱼类的亲缘关系再远上一大截，以此类推。

因为《圣经》《古兰经》或者其他宗教圣书的存在，很多人信神了。阅读这一章后，对于相信它们的理由是不是依然成立，或许你已经有所怀疑。信仰的种类多种多样，可你怎么知道你从小到大读的那本宗教圣书就是真理？如果其他的宗教圣书都是错的，那你怎么知道你的那本就不会是错的？在很多人的成长过程中，或许就有这样一本宗教圣书如影随形，那就是基督教的《圣经》。下一章我们就将讨论《圣经》，看看它是谁写的，到底是什么原因让人们相信它里面说的就是真的。

第 二 章

真的有上帝吗？

我们在《圣经》里读到的内容有多少是真的？

历史上的那些事情，我们怎么知道是真的？我们怎么知道尤利乌斯·恺撒或者征服者威廉存在过？当年见过他们的人都不在世了。收集证词的警官们会告诉你：就算是有人亲眼见过，也可能出奇地不靠谱。我们知道恺撒和威廉存在过，因为考古学家发现了泄露天机的文物。而他们生活的年代也留下了文献，从中可以找到诸多证词。但是，如果在所有的目击者都死了几十年或几百年之后，才有人写下关于一个人或者一件事存在的证据，历史学家就会对此深表怀疑了。这样的证据说服力很弱，因为口耳相传的过程中很可能出现偏差。如果作者戴着有色眼镜，那么就会更不可信。温斯顿·丘吉尔有言："历史必将善待我，因为我会成为书写历史的男人！"在这一章里我们会看到《新约》里耶稣的故事大多数都是有问题的。等到第三章我们再来看看《旧约》。

耶稣说的应该是阿拉米语（Aramaic），这是闪米特语系中与希伯来语有关联的一种语言。《新约》最早是用希腊文写的;《旧约》则是以希伯来文写成的。《圣经》有很多的英语译本，其中最著名的是1611年詹姆士国王的《钦定版圣经》。之所以这么称呼是因为它是由英格兰国王詹姆士一世（在苏格兰被称作詹姆士六世）授权颁布的。因为《钦定版圣经》文字优美，所以我最喜欢这一版。这也难怪，毕竟这版《圣经》的英语是莎士比亚时代的产物。但是,《钦定版圣经》的语言对于现代读者来说有时候意思并不明朗。所以，在本书中，我考虑再三决定使用现代英语译本《新国际版圣经》。如果不是特别注明，本书中的引文均出自后者[①]。

在英国的聚会上，有一种游戏叫"中国传话游戏"，这种游戏在美国又叫"打电话"。游戏中，十个人排好队。第一个人在第二个人的耳边窃窃私语点儿什么——比如讲个故事。第二个人再把这个故事悄悄告诉第三个人，第三个人再告诉第四个人，以此类推。最后，这个故事传到第十个人的耳朵里，而这个人要把听到的故事向所有在场的人复述一遍。除非一开始这个故事就出奇地简单明了，否则传到最后一定会大变样，还往往会让人啼笑皆非。一路传下来，不仅仅是故事的用词变了，故事本身的重要细节也已经大相径庭。

曾几何时，书写体系尚未创立，科学的考古工作也没有

① 本书中《圣经》的中文译文参考简体新标点和合本。——编者注

开始。那时，口耳相传的说书体作品里满是传话游戏一样的添油加醋，而这，就是人们了解历史的唯一途径。这种途径相当不可靠。说书人层出不穷，故事流传得越来越走样。最终，史实迷失在神话传说里。传奇的希腊英雄阿喀琉斯或是传说里有着倾国倾城之貌的美人海伦，他们是不是有真人原型，如今已经很难弄清楚了。当诗人荷马写下这些故事的终章，多少代口耳相传的演绎已经让它们面目全非（我们也不知道荷马是何时创作这些故事的，甚至是哪个世纪写的都不知道）。这其中的信史部分都已烟消云散。我们不知道荷马是谁，也不清楚他的生活年代，更无从知晓他究竟是不是如传说所言双目失明，又或者他是许多人的集合。那些故事经历那么多代，不断被口耳相传，不断被二次演绎。而在这一切之前，故事最初是如何开始的我们也同样搞不清楚。它们真的是源于真实记录而后被扭曲了吗？抑或是在面目全非之前它们本身就是编出来的？

对于《旧约》也一样如此。我们不相信荷马笔下的阿喀琉斯和海伦，也没有更多的理由去相信《旧约》里的故事。亚伯拉罕和约瑟的故事都是希伯来传说，就跟荷马所写的都是希腊传说一样。那看看《新约》怎么样？它诞生于区区2000年前，比《旧约》晚得多，所以在这里面更有希望找见真实的历史。但是，关于耶稣，我们又确切地知道多少呢？我们能说确有其人吗？尽管不是所有的当代学者都这么觉得，但大部分人还是认为他大概率是存在过的。可我们有什么证据吗？

《福音书》是证据吗？它们印在《新约》的开篇，所以你可能认为它们是最早写成的。但实际上《新约》里最老的章节是圣保罗所写的书信，它们被编排在快结束的地方。不幸的是，使徒保罗对于耶稣的生平几乎只字未提。耶稣有着很多宗教上的含义，尤其是他的遇难与复活，但这些甚至连历史都算不上。可能保罗认为他的读者已经对耶稣的生平有所了解，但也有可能保罗自己都搞不清楚。记好了，这时候《福音书》还没写呢。又或者，保罗觉得耶稣的生平根本就不重要。总而言之，保罗书信里缺失了关于耶稣的史实，这让历史学家心存疑虑：保罗想让人们崇拜耶稣，却一点儿不提耶稣的所言所行，这难道不有点儿古怪吗？

还有一点让历史学家们忧心忡忡。除了《福音书》之外，有关耶稣的历史在《圣经》的其他文本里也难寻踪迹。对此，犹太历史学家约瑟夫斯（Josephus，37—100）仅仅用希腊语写下了这么一段话：

> 关于曾活在这一时代的耶稣，他乃是一位智者——假如确实要将他称为“人”的话。因为他行了许多超乎寻常的奇事，并且他是那些凡乐意接受真理之人的教师。他赢得了许多犹太人及希腊人的尊重。他是那位弥赛亚。当他被我们中间的重要人物控告并被彼拉多定罪钉死在十字架上后，从前热爱他的人之所以没有止息对他的爱，

乃是因为他在第三天复活之后曾向他们显现，因为神的先知已对这些事及有关他的无数奇事做了预言。那些因他而得名的基督徒，直到现在还仍未消失。[①]

很多历史学家怀疑这段话是伪作，可能是某个基督教作家后加的。最可疑的一句是“他是那位弥赛亚”。在希伯来传统中，“弥赛亚”这个名字指的是神已经承诺许久的领袖。未来出生以后，他要么成为国王，要么是个军事统帅，并会带领大家打败犹太人之敌。基督教义中，耶稣就是弥赛亚，而“弥赛亚”（救世主）翻译成希腊语就是“基督”。但是对于虔诚的犹太人来说，耶稣看上去一点儿也不像军事统帅。

说得好听一点儿，耶稣教人内心平和。按照他的说法，当人打你的时候，你甚至应该把另一边脸再给人打一次。这可一点儿不像我们今天所期待的军人形象。在他的时代，耶稣不仅没有带领犹太人揭竿而起反对罗马人的压迫，自己还逆来顺受地在罗马人的手中步入刑场。对于约瑟夫斯这样虔诚的犹太人来说，耶稣是弥赛亚的想法似乎显得比较疯狂。如果约瑟夫斯出于某种原因背弃了从小到大的信仰，而且还

① 出自约瑟夫斯用希腊语写成的《犹太古史》（*Antiquities of the Jews*）。中文译文摘自《约瑟夫著作精选》（北京大学出版社，2004，王中勇译）第 279 页注释中提及的标准文本。该中文著作转译自美国学者保罗·梅尔（Paul Maier）的 *Josephus : The Essential Works*（Kregel Publications，1994）。由于英文标准文本的争议很大，梅尔也在正文中综合了自己的研究成果，采纳了其他英译。英文标准文本由另一位美国学者路易斯·费尔德曼（Louis Feldman）翻译而成。本书英文原版中采用了此标准文本，但在后文他也提到了争议。

真的说服自己相信耶稣这么一个不太像的角色就是弥赛亚，那他一定得好好地载歌载舞说道一番，而不会只是随便丢下一句“他是那位弥赛亚”！这听上去的确像是后世基督徒的伪作，大多数学者也是如此认为的。

在其他早期历史学家中，提及耶稣的只有罗马的塔西佗（54—120）。关于耶稣确有其人，他的著作提供了更令人信服的证据。这基于一个很讽刺的理由：塔西佗完全用不着给基督徒说好话[①]。在尼禄皇帝（37—87）迫害早期基督徒的日子里，塔西佗用拉丁语写下了这么一件事：

> 尼禄（为了辟谣），便找到这样一类人作为替身的罪犯，用各种残酷之（至）极的手段惩罚他们，这些人都因作恶多端而受到憎恶，群众则把这些人称为基督徒。他们的创始人基督，在提贝里乌斯当政时期便被皇帝的代理官彭提乌斯·彼拉图斯处死了。这种有害的迷信虽一时受到抑制，但是不仅在犹太，即这一灾害的发源地，而且在首都本城（世界上所有的可怕的或可耻的事情都集中在这里，并且十分猖獗）再度流行起来。[②]

看看上面这段，见不着基督徒后加进去的东西了吧！

① 塔西佗是罗马元老院议员、历史学家，著有《编年史》（*Annals*）。

② 出自《编年史》。中文译文摘自《塔西佗编年史》（商务印书馆，1981，王以铸、崔妙因译）第 541 页。这里指的是尼禄将公元 64 年罗马发生的大火归咎于基督徒。彭提乌斯·彼拉图斯即上文约瑟夫斯提及的彼拉多。

尽管不能代表所有人的观点，但综合平衡大多数学者的意见和他们提到的种种可能性，我们可以大致判断耶稣应该存在过。当然，如果我们可以确信《新约》里的四部《福音书》都是信史，那么我们也可以完全笃定耶稣确有其人。直到近代，人们也确实一直认为《福音书》说的就是历史。因而在英语里有一个俗语叫“福音真理”（gospel truth），用来形容千真万确。但是经过19世纪和20世纪学者们（尤其是德国学者）的一系列研究之后，这个俗语在今天看来就相当苍白无力了。

谁写了《福音书》？什么时候写的？很多人错误地以为《马太福音》就是马太写的。马太是个税官，也是耶稣的十二门徒之一。《约翰福音》被认为就是约翰写的，约翰也是那个小圈子的一员，被认为是“耶稣所爱的门徒”。人们还觉得《马可福音》就是耶稣的首席门徒彼得的年轻伙伴马可所作，并且使徒保罗的医生朋友路加写了《路加福音》。

但是没人知道四部《福音书》到底是谁写的，哪怕零星的线索也没有。关于上面的四种说法我们一个确切的证据也没有。后世的基督徒们为了方便，就在每部《福音书》前面加一个名字。这肯定比呆板地加上ABCD这样的中性标题要好。今天，没有严肃的历史学家还会认为《福音书》是基于亲眼所见写的。大家都认为即便其中最古老的《马可福音》也是在耶稣去世之后35年到40年才写成的。《路加福音》和《马太福音》中的很多故事都是从《马可福音》当中衍生出来的，另外还夹杂了一些已经散佚的古希腊文献“Q 材料”[①]的内容。在四部《福音书》最终正式成文之前，所有内容都曾经历了几十年的口耳相传和“传话游戏”那样的添枝加叶。

1963 年，数百人目睹了肯尼迪总统遇刺，这一幕也有影像记录。同一天，世界各地的报纸都报道了这一事件。美国还专门成立了一个叫作“沃伦委员会”的机构，仔细检查事件的每个细节。科学家、医生、法医侦探、武器专家……各路人马云集。长达 888 页的《沃伦报告》认定李·哈维·奥斯瓦尔德（Lee Harvey Oswald）单独行动刺杀了肯尼迪。可是这么多年以来关于此案的传说奇谈和阴谋论一直甚嚣尘上。当所有的目击证人都不在人世后，人们或许还会接着议论这些传奇故事。

不到 20 年前，“9·11”袭击事件发生在纽约和华盛顿。比起耶稣去世距离《马可福音》写成的年头，它距今的时间要更短。关于“9·11”事件的档案汗牛充栋，相关目击证人的证词比比皆是。自事件发生以来，事件发生过程中每一分钟的细节都被仔细分析过。但是，人们对此并不买账。网上充斥着各种互相矛盾的谣言传说和解释理论。有人认为事件是美国一手策划的，还有人认为是以色列干的，甚至有种说法把矛头指向地外文明。就算什么证据也没有，当时也有人说伊拉克独裁者萨达姆·侯赛因是幕后主使。尽管这从来不

---

① 根据相关假说，“Q 材料”是书面记录耶稣言论的原始资料。

是官方借口，但在有些人看来这点理由就足以为布什总统入侵伊拉克撑腰。“9 · 11”事件发生的那天，烟尘笼罩着纽约城的上空。有目击者拍下照片，人们觉得那烟尘里显现出的是一张撒旦的脸庞。

互联网让人们可以随随便便地无中生有。很不幸，这成为现实，而这种情况前所未有。真相被无视，谣言八卦却像传染病一样在网上迅速扩散。“谎言跨越了半个地球的时候，真相还在穿鞋。”这话应该是美国大作家马克 · 吐温说的。不仅仅恶意的谎言会这样，好玩的趣事也并不一定都是真的。特别是有人言之凿凿而你又不确定他们所言是真是假的时候，这些逸闻的传播也会一样迅速。又或者，有的故事并不能让你会心一笑，但它能让你毛骨悚然。这是谎言可以长期流传的另一个理由。

一旦某个娱乐性十足的故事恰好符合人们的期望或是成见，它就可以传得很远。就算不是真的也没关系。这里就有个典型的例子，不过首先我得提供点儿背景知识。你可能听过“被提”（the Rapture）的概念。近年来，有基督教牧师和作家借用《圣经》里的某些章节，让成千上万的人（大多是美国人）做好准备“被提”。因为做过好事，这些人相信自己会被选为幸运儿：他们会“嗖”的一下飞升，然后就这么消失在天国里。“被提”也预示着耶稣复临终于如约而至。我们认识的人会这样突然人间蒸发，而剩下的我们因为不会“被提”只能留下体会被丢弃的末日迷踪（Left Behind）[1]。不过，说到飞上天空，“被提”的澳大利亚人和“被提”的欧洲人应该会嗖的一下恰好飞向相反的方向！

现在来讲讲我上面提到的典型例子。这不是真事，但还是有很多人相信，它也让我们见识了逸闻趣事怎么就天下皆知了。在美国阿肯色州，一位女士开车跟在一辆大卡车后面。卡车上装满了真人大小的人形气球。然后，卡车撞车了。因为充满了氢气，那些粉红的充气娃娃就飘上了天。那位女士觉得她看到了“被提”和“耶稣复临”，于是她惊呼：“他回来了！他回来了！”汽车还在行驶，她就爬出了天窗想要一样“被提”上天。这最终导致了20辆汽车连环相撞，夺走了包括这位女士在内的13个无辜的人的性命。注意这个精确的表述：“13个无辜的人”。这很令人生疑。你或许会认为纯粹的谣言不会有如此确切的细节。如果是那样，你可就错了。

你瞧瞧，这个故事真是声名远扬啊。要是有人跟你把故事讲得有鼻子有眼，你八成会迫不及待地去跟另一个人讲。故事足够好，它就会吃香。或许故事本身好笑，或许通过讲故事能赢得他人瞩目，反正我们乐此不疲。氢气娃娃的故事不仅活灵活现，还跟人们的期待和成见一拍即合。你明白了吗？有人对耶稣神迹、耶稣复活的故事言之凿凿的时候，背

① 此处原文使用了双关，left behind 也是《末日迷踪》丛书的英文原名。《末日迷踪》是美国牧师黎曦庭（Tim LaHaye）和作家曾健时（Jerry B. Jenkins）在1995—2007年共同创作的16部畅销小说，作者在后文也有提及。

后也可能潜藏着这样的真相。早年，在基督教还年轻的时候，那些新入教的信徒也会特别热衷于把有关耶稣的故事和传闻告诉更多的人。他们不会去确认这些故事是不是真的。

想想“9 · 11”事件、肯尼迪之死或者其他被扭曲的传闻，然后你就能想象得到在没有相机、没有报纸的情况下，一个发生后30年间都没有文字记载的事件会被歪曲成什么样——轻而易举地让它面目全非。除了口耳相传，没有别的传播途径，而这就是耶稣去世之后的状况。那时的地中海东岸，从巴勒斯坦到罗马，各地的基督教派别自成一体。这些地方团体之间的交流少得可怜。那时，《福音书》还没有成文，也没有《新约》把他们凝聚在一起。在很多问题上各教派意见不一。比如，耶稣是不是就得是犹太人？这意味着耶稣是不是得行割礼。又或者基督教算不算得上一种全新的宗教？使徒保罗所写的一些书信则展现了他的领袖风范——努力营造秩序来结束这种混乱。

直到保罗死后几百年，公认的《圣经》正典（也就是被官方列出的《圣经》篇目）才算确定。今天新教徒们所读的标准《圣经》正典包括27卷《新约》和39卷《旧约》。罗马天主教和东正教的《圣经》还另外多出几卷，通常被称为“旁经”（Apocrypha）。

《马太福音》《马可福音》《路加福音》《约翰福音》是正典中仅有的四部《福音书》，但我们后面也会看到在耶稣生活的年代还曾有许许多多其他的《福音书》。公元325年，在各地基督教会领袖参加的尼西亚公会议上[1]，官方正典被大规模修订。这次会议是由罗马帝国的君士坦丁大帝召集的。正是因为他的改宗，欧洲变成了基督教世界，也是他让基督教成为罗马帝国官方认可的宗教。要不是因为君士坦丁大帝，你没准儿会在一个崇拜朱庇特、阿波罗、弥涅尔瓦等罗马众神的环境中长大。很久之后，基督教在南美洲全境传播，这也归因于两大帝国——统治巴西的葡萄牙帝国以及统治其余地方的西班牙帝国。伊斯兰教广泛存在于北非、中东和印度次大陆，而这也是军事征服的结果。

如我前面所说，在尼西亚公会议的时代，有很多《福音书》到处传播，而《马太福音》《马可福音》《路加福音》《约翰福音》只是其中的四部。一会儿我们就来看看那些不太出名的《福音书》。它们当中的任何一部都有可能被纳入正典，但由于种种原因最终一部也没有被收录。这通常是因为它们被当作异端看待，而所谓异端不过是因为它们跟公会议上代表们的“正统”信条格格不入罢了。也有部分原因是它们的成文年代比那四部《福音书》稍微晚一点儿。不过，正如我们前面看到的，即便是《马可福音》也没有早到足以可能是信史的地步。

要说四部《福音书》为什么会被垂青，那可有些荒诞不

① 因举办地在小亚细亚半岛著名古城尼西亚（今土耳其伊兹尼克）而得名。历史上尼西亚共举行过两次公会议，第一次是在公元 325 年，第二次是公元 787 年。这里指的是第一次。325 年的这次会议也是第一次世界性主教会议，此次会议编定了《尼西亚信经》。

经的成分：比起历史因素，入选的原因更多出于一种诗意的想象。伊里奈乌（Irenaeus）生活在尼西亚公会议之前100来年，他是基督教早期最有影响的人之一，他们这批人常被称作“基督教会的奠基人”（Fathers of the Church）。伊里奈乌相信《福音书》不多不少就应该有四部。他还煞有介事地指出这是因为大地有四极、风向有四方。生怕这还不够，他还说《启示录》早已有云：神的宝座生于四个活物之中，而四个活物就是四张不同的脸。这种说法似乎是受到《旧约》里的先知以西结的启发。以西结曾经梦见狂风中显出四个活物，而每个活物又都长着四张脸。四、四、四、四……躲不掉四这个数字了，显然我们也要在正典里安排四部《福音书》！很抱歉，我得说这种讲理的方法也就在教会的逻辑里才说得通。

对了，《启示录》纳入《新约》正典是这之后的事情了。它的入选真是一大败笔。一天晚上，在一个叫帕特莫斯的岛上，一个叫约翰的人[①]做了个诡异的梦，他还把梦记了下来。我们都会做梦，其中不少梦也是相当诡异的。我的梦就差不多个个诡异，但我不会把它们记下来。我很清楚它们没那么有趣，不至于非得逼着别人知道我梦见了什么。约翰的梦比大多数人的都更诡异一些（就像是他刚磕了药）。仅仅因为它不知怎么的被收入了《圣经》正典，这个梦就变得影响深远。在美国，激进的牧师觉得这个梦宛若先知的预言，于是

① 即前文提及的使徒约翰。

经常引用。和保罗写给帖撒罗尼迦人（Thessalonians）的信[①]一道，《启示录》成为“被提”这个概念的主要源泉。另外，《启示录》还导致了一种危险的思潮。这种观点认为不经历一场世界末日的“哈米吉多顿之战”（Battle of Armageddon），耶稣就不会再临。这也是为什么今天一些美国人期待以色列在中东打一场全面战争。他们认为这一仗就是“哈米吉多顿之战”。

自从《末日迷踪》系列小说在美国大获成功，成千上万的人就正儿八经地深信“被提”行将发生，而且不会等得太久。甚至还有一些网站打出付费服务的广告：一旦你没被打招呼就被瞬间提入天国，它们会有办法照料你留下的宠物猫。能不能“被提”跟哪些书能被召进《圣经》而哪些书被留下差不多！很遗憾，人们没有意识到这一点。

耶稣去世与这些《福音书》写成的时间间隔很久，我们因此有理由怀疑《福音书》作为历史指南的准确性。而许许多多的《福音书》又自相矛盾，尽管所有的《福音书》都同意耶稣有十二个贴身门徒，但这十二个人具体是谁就莫衷一是了。再者，关于马利亚的丈夫约瑟，《马太福音》和《路加福音》都把他的血统追溯到大卫王，但是他们却追溯出完全不同的族谱。《马太福音》这边追溯出 25 代祖先，而《路加福音》这边则追溯出 41 代。更糟糕的是，按照《圣经》，马

① 《新约》里的《帖撒罗尼迦前书》。帖撒罗尼迦作为现代地名通常被译作塞萨洛尼基，今天希腊的第二大城市。

利亚应该是以处子之身生下了耶稣。这样的话，约瑟拥有大卫王后代的身份并不能推出耶稣也是大卫王之后。《福音书》的记载和已知的史实也有出入，比如罗马统治者的在位年份以及主要事迹等等。

如果要把《福音书》当成历史，还会遇到一个问题。那就是《福音书》一直执着于应验《旧约》里的先知预言。这一点《马太福音》特别明显。你会感觉马太这个人特别善于无中生有——为了让之前的预言成真，他把编出来的事情写进福音里。其中最显眼的一个例子就是他编出马利亚以处女之身生下耶稣的传说。这个传说活灵活现地叙述了天使怎么在约瑟的梦中出现，又怎么让约瑟相信他的未婚妻马利亚怀的是上帝之子而不是另一个男人的孩子。（对了，这一点就跟《路加福音》说的不一样。《路加福音》说天使报喜是直接来到马利亚面前的。）不管怎么样，马太毫不羞愧地向读者承认：

> 这一切的事成就，是要应验主藉先知所说的话，说：
> “必有童女怀孕生子，
> 人要称他的名为以马内利。”
> （“以马内利”翻出来就是“神与我们同在”。）

或许“羞愧”一词我用得不对。不管马太是谁，他与我们对于史实的看法终归不同。对他来说，应验预言比真的发生了什么更为重要。他不会明白我说“毫不羞愧”是什么意思。

不过从另一方面来说，马太完全误解了《旧约·以赛亚书》第7章里预言的含义。《以赛亚书》本身已经很清楚：这部书并非指遥远的未来，而是指先知以赛亚生活中不远的将来。但这点对于马太来说也许就不是那么清楚了。以赛亚跟犹太国王亚哈斯说话时，是在特指某个在场的童女，他说话的时候这名女子已经有孕在身了[①]。

马太引用的“处女”（virgin）一词在以赛亚的希伯来语原文里是almah。而这个希伯来词语的意思可以是“处女”，也可以是“童女”。这就好比英语里“maiden”这个词也有这两个意思。但是，当以赛亚的原文被翻译成希腊语的“七十士译文版”《旧约》[②]的时候，almah这个希伯来语词变成了希腊语里的parthenos，而这个词的意思就仅仅指“处女”了。马太读的应该就是这个译本。一个简单的翻译差错就这么带来了席卷世界的圣母马利亚神话。在罗马天主教的崇拜当中，某种程度上马利亚被当作女神看待，她被称作“天国的王后”。

同样出于应验先知预言的决心，《马太福音》和《路加福音》都让基督出生在了伯利恒。《旧约》里的另一位先知弥

① “因此，主自己要给你们一个兆头，必有童女怀孕生子，给他起名叫以马内利（就是‘神与我们同在’的意思）。”（《旧约·以赛亚书》7：14）

② 现存最早的希腊语《圣经》版本，约翻译于公元前2世纪。

迦曾经预言犹太人的弥赛亚会出生在伯利恒，即“大卫城”①的所在地。《约翰福音》比较讲道理，它推测耶稣出生在拿撒勒，因为这里是他父母的居住之地。《约翰福音》里也说过耶稣的出生地是拿撒勒，这让人们很是惊讶，毕竟他应该是弥赛亚呀。《马可福音》压根儿没提耶稣的出生。但是马太和路加都想着怎么“应验”弥迦的预言，就趁机找了个法子把耶稣的出生地从拿撒勒变成了伯利恒。但不幸的是，他俩具体的说辞可就大相径庭甚至互相矛盾了。

《路加福音》是借助罗马皇帝奥古斯都②的征税敕令来解决这个问题的。根据它的说法，征税的过程伴随着人口普查。路加在这里搞错了时间，因为今天的历史学家知道那个时候根本就没有哪次人口普查可以跟他的故事对得上。不过我们先放过这点。为了让人口普查有序进行，“众人各归各城”。虽然约瑟住在拿撒勒，《路加福音》却说他的籍贯是伯利恒。为什么？因为他是大卫王的直系男性后代，而大卫出生在伯利恒。容我插几句：这也太荒谬了吧。按照路加自己的算法，大卫是约瑟的 41 代先祖。哪门子法律会规定一个人的籍贯是他 41 代先祖的出生地？你知道你的 41 代先祖是谁吗？哪怕有点儿蛛丝马迹也成啊。我怀疑伊丽莎白女王也不知道她的 41 代先祖是谁。不管怎样，按照路加的说法，耶稣就这么出生在了伯利恒。耶稣的父母从拿撒勒搬到 41 代先祖的出生

① 大卫城（City of David），《旧约》中大卫从耶布斯人手中夺取的部分耶路撒冷城。

② 和合本《新约》中称“该撒亚古士督”（Caesar Augustus），即屋大维。

地，因为要去做人口普查登记。

《马太福音》应验弥迦预言的方式就不同了。他言之凿凿，称伯利恒就是马利亚和约瑟的原籍，这也是耶稣出生在那儿的原因了。马太需要解决的问题是他们后来为何以及怎么搬到了拿撒勒。于是，他搬出了邪恶的希律王。希律王听到了耶稣在伯利恒出生的风声。他担心先知所言的“犹太人之王”将来会把他拉下王位，于是下令处死伯利恒出生的所有男婴。上帝派了个天使在梦中警告约瑟，让他带着马利亚和耶稣逃到埃及去。或许，你唱过这样的一首圣诞颂歌：

> 希律那会儿吓得真不轻，
> 他说王子还是个犹太人，
> 所有男孩要被杀干净，
> 伯利恒只留下他的愤懑。

马利亚和约瑟听从了警告，希律王死之前他们都在埃及没回来。但是，即便希律王已死，他们还是避开了伯利恒。这是因为在约瑟的另一个梦中，上帝警告他说亚基老（Archelaus）也会让他们不得安生。所以，他们接着迁徙。

> 到了一座城，名叫拿撒勒，就住在那里。这是要应验先知所说，他将称为拿撒勒人的话了。

马太的解决方案真是滴水不漏。他既让耶稣这个角色安全地抵达拿撒勒，又在这个过程中达成应验先知预言的成就。

我前面提过我会回来说说其他的福音。这些福音有差不多 50 部之多，而每一部原本都有可能和《马太福音》《马可福音》《路加福音》《约翰福音》一样被收入《圣经》正典。其中的大多数都写于公元后的头 200 年。和四部正典福音一样，它们也都是基于祖祖辈辈的口耳相传，大概也在“传话游戏”一般的添枝加叶中逐渐完善，最终才得以成文。它们当中有以彼得、腓力、抹大拉的马利亚等人命名的福音，还包括埃及人所说的科普特文（Coptic）《多马福音》《多马圣婴福音》以及加略人犹大的福音。

关于它们落选正典的原因，有的还挺显而易见的。以《犹大福音》为例，在和耶稣有关的故事里，犹大就是最大的反派。他向当局出卖了耶稣，以至于耶稣被捕、受审乃至遇难。根据《马太福音》的说法，犹大是出于贪心：背叛的好处是得到了 30 个银币。我们前面已经看到了，《马太福音》的问题在于太纠结于如何应验《旧约》里的先知预言。作者希望所有发生在耶稣身上的事情都在应验预言。犹大被指控因贪念而犯罪，那我们可能会好奇他会不会是《马太福音》里预言执念的受害者。这里有一些线索，而这些线索是我从研究《圣经》的历史学家巴特·叶尔曼（Bart Ehrman）那儿得来的。

《旧约·撒迦利亚书》（11：12）里记载，先知撒迦利亚获得了30块银币的酬劳。到此为止还不是多大的巧合，不过到了《撒迦利亚书》的下一节你再看看：

耶和华吩咐我说："要把众人所估定美好的价值丢给窑户。"我便将这30块钱，在耶和华的殿中丢给窑户了。

记好"窑户"和"丢"这两个词，我们再回去看看《马太福音》的第27章。满是悔恨的犹大把30个银币带给了祭司长和长老。

这时候，卖耶稣的犹大看见耶稣已经定了罪，就后悔，把那30块钱拿回来给祭司长和长老，说："我卖了无辜之人的血是有罪了。"他们说："那与我们有什么相干？你自己承当吧！"犹大就把那银钱丢在殿里，出去吊死了。祭司长拾起银钱来说："这是血价，不可放在库里。"他们商议，就用那银钱买了窑户的一块田，为要埋葬外乡人。

祭司长不愿接受沾血的钱，所以他用30块银币买了一块地，居然叫"窑户的一块田"。一如既往，《马太福音》在此还圆了另一位先知的话。这次轮到了耶利米。

这就应了先知耶利米的话，说："他们用那30块钱，就是被估定之人的价钱，是以色列人中所估定的，买了窑户的一块田；这是照着主所吩咐我的。”

《犹大福音》的重见天日算得上是20世纪最令人惊叹的文献发现之一了。因为早期的基督教神父提到过它，也曾对其口诛笔伐，所以人们知道有这样一部福音存在。但是所有人都以为它已经不复得见，可能被当作异端邪说给毁掉了。到了1978年，《犹大福音》才由一群农民在埃及的一个洞穴里偶然发现。它裹在一捆文书和碎片中间，已经在地下埋了约1700年。虽然这些文献价值连城，可是，和其他这类发现一样，花了不少时日它们才落到懂得如何保管它们的学者的案头，而这期间文献已经受到了一些损坏。根据碳定年法，它的成书年代被追溯到公元280年，正负误差60年[①]。

这重见天日的文献是用科普特文书写的，这是一种古埃及的语言。但是学界普遍认为它译自更早的希腊语文本，而这个年头和《圣经》里四大福音差不多的文本依然不知所踪。和那四部福音一样，《犹大福音》也是由别人而不是这个署名者创作的，所以很可能并非出自犹大笔下。这部书基本上由一连串犹大和耶稣的对话构成。《犹大福音》讲述了一个关于背叛的故事，但它是从犹大的角度来说的，因而犹大也在书中洗脱了大部分的罪名。书中暗指犹大是十二门徒中唯一真

① 碳定年法（carbon dating）是一种确定考古标本年代很聪明的科学手段。我在《自然的魔法》（*The Magic of Reality*）一书中曾经解释过它是如何工作的。——作者注

正理解耶稣使命的那个。我们会在后面的第四章中看到，基督徒相信耶稣被捕和遇难都是上帝计划的，因为只有这样上帝才能饶恕人类的罪过。犹大的“背叛”是在帮助耶稣完成上帝的计划，他是在给耶稣和上帝帮忙。如果这听上去有点儿匪夷所思（事实也的确如此），那么我要说这种匪夷所思直接出自基督教的核心思想——耶稣之死是上帝计划中的必要牺牲。这样你就能明白为什么尼西亚公会议把《犹大福音》排除在正典之外了。

出于其他原因，尼西亚公会议把《多马圣婴福音》拒之门外也不奇怪。和其他福音一样，没人知道这部书是谁写的。与传言不同，作者应该不会是那个多疑的多马。在相信耶稣复活之前，这个门徒还一直惦记着证据在哪里，或许他该去当科学家的保护神。《多马圣婴福音》里有很多关于耶稣童年的精彩故事，而他的这段生平在《圣经》正典里几乎是个空白。根据这部福音的记载，耶稣小时候喜欢捣蛋，到了炫耀法术的时候也是毫不含糊。五岁在小河边玩耍的时候，他从河里取了点儿泥巴然后捏成十二只麻雀，然后麻雀们就活了。

一只麻雀全身有大约 1 000 亿个细胞：神经细胞、肌细胞、肝细胞、血细胞、骨细胞以及其他几百种不同的细胞。每一个细胞都是一台复杂到让人大开眼界的小小机器。一只麻雀有 2 000 片羽毛，而每一片羽毛都是有着精密结构的杰作。在耶稣生活的年代，没人能了解这些细微之处。即便如此，你应该能理解当时的大人们还是会对耶稣赞叹不已，毕竟他一下子把泥巴变成了麻雀，而这种法术足以算得上丰功伟绩。但事实并非如此，约瑟更愿意因此把耶稣狠狠训斥一番，因为那天是安息日。按照犹太律法，安息日是什么活也不能干的。今天的一些犹太人在安息日的时候连按一下电灯开关也不愿意，他们为此装了定时开关来代劳！还有公寓楼的直梯会在安息日这天层层都停，因为这样你就不用"费劲"去按一下电梯按钮了。

遭到训斥之后，耶稣的反应是拍一下手，说："走吧。"（Be gone.）那些麻雀就听话地叽叽喳喳飞走了。

根据《多马圣婴福音》，耶稣也会把法术用在不是那么讨喜的地方。有一次他路过一个村庄，有一个孩子跑过撞到了他的肩膀。耶稣拦下他说："你不能再往前走了。"（You will go no further on your way.）那天晚上那个孩子就倒下一命呜呼。可以想见，孩子悲痛的父母向约瑟抱怨，让他好好管管耶稣，不要乱施法术。他们要是能更搞清状况就好了：耶稣立刻把他们弄瞎了。之前还有一回，有个孩子让耶稣很生气，于是耶稣就诅咒他，让他的身体完全枯干。

但他干的也不都是坏事。有个玩伴从屋顶摔下去没了命，耶稣让他起死回生。用同样的办法，耶稣救了很多人的命。有个男人意外让斧头剁掉了脚掌，耶稣把他医好了。一天，他帮他的木匠爸爸干活，但是有一块木头正好短一截。当然，耶稣是不会允许这种小事情毁掉杰作的！他仅仅是略施法术就让木头长长了一截。

没人觉得《多马圣婴福音》里的这些神迹会是真的。耶稣没有把泥巴变成麻雀，没有要了撞他肩膀的男孩的命，也没有弄瞎他的父母，更没有在木匠店里让木头长长一截。那么，为什么人们会相信官方正典里那些同样不着边际的神迹呢？比如，他把水变成酒、在水面行走、起死回生……要是《多马圣婴福音》也被纳入正典，是不是人们也会相信关于麻雀和木头变长的神迹了？如果不会的话，那为什么不会？那四部《福音书》有什么特别之处？以至于它们就能有幸在公元 325 年的尼西亚公会议上被一群主教和神学家选入正典？这双重标准又是怎么来的？

关于双重标准，我这里还有一个例子。《马太福音》告诉我们：就在耶稣在十字架上断气的那一刻，耶路撒冷神殿里的帷幔就从上到下裂成两半。而后，大地震动，磐石崩裂，死去的人又活过来在街上行走。按照当时官方的《福音书》所说，耶稣复活没什么不正常的地方。可就在耶稣复活之前三天，好多人也从墓里跳出来走在耶路撒冷大街上了。基督徒真的相信这个吗？如果不信，又是为什么不信？相信他们可以复活的理由可不比相信耶稣能复活的理由少啊（某种程度上来说，也不比相信耶稣复活的理由多）。既然都是不着边际的故事，人们到底是怎么决定相信哪个、忽略哪个的？

我在前面说过，就算不是人人相信，大多数历史学家也还是相信耶稣是确有其人的。不过这说明不了什么问题。“耶稣”这个名字是希伯来名字“约书亚”的罗马变体。这个名字很常见，而四处游走布道的人也不稀奇。也不是没可能有过这么一个叫约书亚的牧师，也可能有很多牧师都叫约书亚。然而真正不可信的地方在于他们当中有人把水变成了酒或者把泥巴变成了麻雀；他在水上行走，或者他还把木头变长了；他由处女生下，而后又起死回生。如果你打算信这些东西，你得找个更好的理由才行。现在我们看到的这些可站不住脚。诚如美国天文学家卡尔·萨根（Carl Sagan）所言："非同寻常的结论需要非同寻常的证据。"他也可能是受到了法国著名数学家拉普拉斯的启发。拉普拉斯相信："要印证一个非同寻常的说法，它的奇怪程度和所需证据的重量级成正比。"

说存在一个云游四方的牧师约书亚，这算不上什么非同寻常的结论，所以证据也可以相应地轻描淡写。耶稣很可能就是存在过的。但是这里的说法是他的妈妈是个处女，他还从墓里活过来了。这些可就算十足的非同寻常了，所以证据得足够有说服力才行。然而，并没有。

对于奇迹，18 世纪苏格兰伟大的哲学家大卫·休谟有话要说。我也要就此多说几句，因为他说的至关重要。我会用自己的话来表述。打比方说，有人不可思议地宣称耶稣从他的墓里站起来了，或者耶稣小朋友把泥巴变成麻雀了。如果真有人声称目睹了这等神迹，那就会有两种可能性。

可能性 1：它真的发生过。

可能性 2：目击者搞错了，或者在撒谎，或者出现了幻觉，又或者报告失实、看到的不过是个把戏等等。

你可能会说：“这个目击者很可靠，我敢用生命担保他所言非虚，而且还有很多其他的目击证人。如果他在撒谎或者被误导了，那才是奇迹呢。”但是休谟就会反驳说：也罢，但是如果你认为可能性 2 是个奇迹，那你一定承认可能性 1 是个更大的奇迹。每次面临两种可能性的时候，记着去选择相信不那么匪夷所思的那个。

你见过那种真正让人大开眼界的“魔术师”吗？他们都是变戏法的高手，比如达伦 · 布朗、吉姆 · 伊恩 · 斯韦斯、大卫 · 科波菲尔、詹姆斯 · 兰迪、潘恩与泰勒。他们的魔术看上去是挺神秘的，你脑子里也有个声音在尖叫：“这真是一个奇迹，一定是超自然现象。”但是，如果魔术师实诚，接下来他就会慢条斯理且心平气和地告诉你：“不，这只是一个把戏。我肯定不能告诉你我是怎么变的，要是这么干会被逐出魔术圈的。但是我向你保证这只是一个把戏。”

但我也要提一句，不是每个魔术师都这么实诚。有些人打着“通灵术”的幌子赚得盆满钵满，然后又不老实地去游说矿业公司，声称通灵术可以判断从哪里挖起最恰当。这些冒牌货很容易得逞，因为受害者都是些巴不得相信奇迹的人。

有时候把戏很容易被看穿。我记得有一次我看英国的一个电视节目，节目在介绍通灵术“不得了的”功绩——心灵感应之类的。实际上，那不过是一群玩把戏的人在愚弄那个叫戴维·弗罗斯特的电视主持人。戴维·弗罗斯特要么是真傻，要么就是为了收视率在装傻，而后者可能性更大。有一对来自以色列的父子参与表演。儿子声称可以通过心灵感应读懂父亲的所思所想。站在舞台这头的爸爸看着一个神秘数字，然后用“思维波”传给舞台那头的儿子，儿子就可以准确“读懂他的心思”。爸爸卖力表演专注的神情，然后大喊诸如“儿子，你读懂了吗？”之类的话。儿子就大喊：“是五！”观众席就迸发出一阵掌声。傻乎乎的主持人还不住地调动情绪：“了不起！太奇怪了！真是神秘莫测！心灵感应得到了证明！”

你看明白了吗？让我给你一点儿提示。如果神秘数字是八，那爸爸就会喊的是：“儿子，你觉得你能做到吗？”如果是三，就会是：“儿子，懂了吗？”如果是四，就会是：“儿子，明白了吗？”但是我要说的是，即便魔术师可以以假乱真（我说的不是这对父子），即便你想要猜魔术是怎么变的却毫无头绪，魔术终归是把戏。没理由认为“这一定是个奇迹”，像休谟一样思考才是正道。

带上休谟的理性思维吧，然后我们去看看几个有名的把戏。这次我们把“可能性”重新命名为“奇迹”。

奇迹1：魔术师真的把女人锯成两半。潘恩与泰勒真的用牙齿接住了对方枪膛里射出的子弹。大卫·科波菲尔真的把埃菲尔铁塔变没了。詹姆斯·兰迪真的徒手穿过病人的腹部把肠子拽出来了。

奇迹 2：尽管你像老鹰一样盯着魔术师的每一个动作，你的眼睛还是欺骗了你。所以如果说你漏掉了什么的话，那一定算是个“奇迹”。

我想你不得不同意奇迹 2。不管你怎么不服气，相比较而言这毕竟是更不像奇迹的那个。像休谟一样，你得去选择更不像“奇迹”的那项，也只好就此得出结论：奇迹 1 未曾发生，你被骗了。

有时候，奇迹 1（也就是所谓的真正意义上的奇迹）会有数量可观的目击证人。或许其中最著名的一个例子就是花地玛圣母的显灵。

1917 年，在葡萄牙的花地玛镇，三个孩子声称看到了圣母马利亚。其中一个孩子路济亚说圣母马利亚和她说了会儿话，还保证每个月的 13 号都会回到同一个地方，一直持续到 10 月，届时马利亚就会施展奇迹证明自己是谁。谣言在葡萄牙全境传开了。等到了 10 月 13 号这一天，多达 7 万人济济一堂只等目睹奇迹发生。根据目击者的证词，奇迹千真万确发生了。路济亚直指着太阳，而圣母马利亚就只出现在她面前。紧接着：

太阳仿佛从天空中撕裂，径直向着惊恐的人群坠落下来……正当火球就要坠落毁灭众人之时，奇迹停止。

太阳回到天空中原来的位置，和往常一样平静地闪耀着。

罗马天主教徒曾经把这个故事很当回事，直到今天很多人依然如此。他们宣称这是官方认定的奇迹。教皇若望·保禄二世在1981年躲过了一次行刺，他相信是“花地玛圣母”救了他。因为花地玛圣母“指引了子弹的方向”以使他幸免于难[①]。他说的不是“圣母”（Our Lady）而是“花地玛圣母”。他的意思是天主教徒信仰很多个不同的“圣母”？与我在第一章里提到的多神崇拜相比，这难道不是有过之而无不及？——不止一个马利亚，而是有很多个马利亚。这个马利亚现身在山坡上，那个马利亚在山洞里，还有个马利亚在石窟中。

2017年，罗马天主教纽约总教区的辅理主教多明我·拉戈内格罗（Dominick Lagonegro）在布道时曾经引用他姨母的一番话。他的姨母是花地玛圣母奇迹的见证者，据她所言：

（太阳）上上下下、前前后后地运动，就像在跳舞一样。“除了圣母谁能让太阳跳舞？”多明我·拉戈内格罗笑道。然后太阳就变大了，“开始向地球靠近，”主教继续说，“我姨母回忆说‘每个人的衣服就像是被太阳染上了和它一样的亮黄色’，接着它就继续向地球下坠了好

① 据说，在花地玛圣母显灵期间，几个孩子把从马利亚那里听到的话记下来，称“花地玛预言”，而其中的第三个预言便是教皇遇刺事件。

几分钟。”主教接着说他姨母的故事：“然后太阳就停住了。”最后又回到了它原来的轨道。

它的“轨道”？这该是什么“轨道”？还说“继续向地球下坠了好几分钟”，注意，是好几“分钟”！为了分析这个案例，我们再当一次休谟。

奇迹1：太阳真的在空中乱动，然后开始向人群下坠，感觉下坠了好几分钟。

奇迹2：7万个目击证人或是弄错了，或是在撒谎，或是误报了。

奇迹2真的像是一个奇迹，对吧？7万人都在同一时间产生了同样的幻觉，或者说了同样的谎，这肯定是个巨大的奇迹吧？似乎应该算得上。但是我们来想想另一个选项，也就是奇迹1。如果太阳真的移动了，不应该是全球处在白天这一侧的人都看得到吗？怎么单单是聚集在一个葡萄牙村子外面的这群人呢？如果真的是太阳移动了，或者是地球自己动了，因此看上去人们觉得太阳移动了，那可就是大灾难了。就算这灾难不能把其他行星都毁了，也足以把地球上的一切毁得精光，特别是太阳还“坠落”了好几“分钟”！

所以，跟着休谟的步伐，我们选择更不像是奇迹的那个，然后得出结论：著名的花地玛奇迹其实并没有发生过。

事实上，我刚刚让奇迹 2 显得比实际情况更不可思议了一些。那里真的有 7 万人？有经得起历史检验的证据证明有这么多人吗？在我们今天所处的时代，数字往往是被夸大的。唐纳德 · 特朗普说有 50 万人参加了他的总统就职典礼，而照片证据显示这种说法被严重夸大了。退一步讲，就算 7 万人在 1917 年 10 月来到了花地玛，他们当中有多少人真的看见太阳动了？可能只有几个人看到了，然后有一些人被传话游戏效应冲昏了头脑。如果你盯着太阳看，而路济亚告诉你太阳动了，你可能真的会产生太阳动了一丝的幻觉（对了，你可别真的盯着太阳看，这对你的视力可不好）。接下来，随着看到的人越来越多，太阳移动的幅度也就越来越大了，这种夸张可能也得拜传话游戏效应所赐。

但关键是我们不必去费心考虑这些。就算是 7 万人真的都声称看到了太阳不但动了还坠了下来，我们也可以确信无疑地知道这不是真的。毕竟，我们的星球没有被毁，而除了花地玛，世界上其他地方没人看到太阳动了。传言中的奇迹并没有发生。可就算是这样，罗马天主教会还是稀里糊涂地给了它官方认定。

无独有偶，类似的奇迹在《约书亚记》里也有记载。也可能是这个记载启发路济亚编出了她的版本。一次，约书亚领导以色列人和敌对部族作战，他需要多一点点时间来确保赢下这场战斗。怎么办呢？有个显而易见的办法啊！在那个年代，你可以直接跟上帝对话。约书亚所需要做的就是请求上帝把夜幕降临的时间推迟，然后让太阳在空中静止不动。上帝答应了，太阳就止住不动，也给了约书亚额外的日照时间赢得战斗。很显然这样的神迹并没有真的发生过，也没有严肃的学者觉得它发生过。但是奉行原教旨主义的基督徒们就愿意相信《圣经》里句句为真，现在你也能找见这样的原教旨主义网站。它们纠结地玩命想法子，只为证明约书亚的长日是个真实发生过的奇迹。

当然，《约书亚记》是《旧约》里的一部书。我们现在来看看《旧约》本身，看看里面是不是有真实的故事。

第 三 章

神话和它们的起源

在第二章里我们谈到了《新约》。鉴于《新约》比《旧约》时间更为晚近，所以想证明《圣经》是真实历史的人大可借此放手一搏。我不会花太多时间说《旧约》全书，因为它只会把我们带进更加模棱两可的神话传说，而研究《圣经》的专家也不大会觉得《旧约》是确凿的历史。不过神话也有自己的本事。《旧约》里面有的内容就挺有意思的，而且也很重要。这一章，我们就从《旧约》讲起，看看神话是怎么形成的。

亚伯拉罕是犹太民族的始祖，也是犹太教、基督教、伊斯兰教三大一神论宗教的奠基人。不过，真的确有其人吗？一如古希腊神话里的英雄阿喀琉斯、赫拉克勒斯以及英国传说里的罗宾汉和亚瑟王，我们不可能搞清楚，也没有足够的理由去相信亚伯拉罕真的曾活在这世上。从另一个方面来说，亚伯拉罕的存在并非一个需要用一大堆证据去证明的高明说辞。相比约书亚的长日、耶稣复活和在鱼腹中待了三天三夜的约拿，亚伯拉罕存在与否显得并不是那么重要。没有什么能证明他存在过，也没有任何证据能断定他就是子虚乌有。犹太历史中的另一位大英雄大卫也是如此。除了《圣经》的记载，大卫在考古发掘和成文史籍中了无痕迹。这可能意味着一点：如果大卫真的存在，他可能也只是一个小部落的首领，而非传奇和颂歌里的那个伟大国王。

说起颂歌，《所罗门之歌》是《圣经》里唯一让人想起“性感”二字的一章了。(《所罗门之歌》还有个更好听的称谓叫《雅歌》，不过这绝对不是所罗门王[①]的作品！）公会议居然可以让《雅歌》进入《圣经》官方正典，这着实让人有点儿惊讶。还有一点挺好笑的：在最著名的《圣经》英译版《钦定版圣经》里面，每一页的页眉处都写着几行批注。《雅歌》对于男欢女爱做了多么精彩的诗意描绘啊，但是页眉上基督教的批注是怎么说的？“基督和教会的相互之爱”。这句批注可真是无价之宝！这就是神学家们典型的思维模式：对于真的说了什么视而不见，然后装作所有一切都是有所象征、有所暗喻的。

《钦定版圣经》中，有些英语的表达算得上文采斐然。拿《传道书》来说，虽然里面的诗歌饱含苍凉、消极厌世，但至少语言和《雅歌》一样优美。如果《圣经》里别的篇章你都

① 《旧约》中记载的以色列联合王国的第三任也是最后一任国王。《雅歌》几乎没有提及上帝，而是一连串的爱情诗。

不想读，我推荐你读一读《传道书》和《雅歌》。不过你得确认你读的是《钦定版圣经》，因为如果都翻译成了现代英语就没有味道了。对于诗歌来说，这就是这么重要。但是现代英语的版本也有用武之地。比如，它能让你更加真切地了解希伯来语的原文是什么意思。《圣经》里的某些内容，教会老师可能不想让你完全搞懂。那么想要把它们真正弄明白，现代英语版本就能帮上忙了。如果你现在不太清楚我是什么意思，等到第四章我再来说。

《传道书》和《雅歌》并未装作真实的历史，我最喜欢的也是这两卷。但《旧约》里的其他卷本，比如《创世记》《出埃及记》《列王纪》《历代志》都像是在讲历史一样。基督徒把《创世记》《出埃及记》《利未记》《民数记》《申命记》合称为《摩西五书》，犹太教则将它们称作“妥拉”（Torah）①。传统上认为它们是由摩西撰写的，但没有严肃的历史学者会真的这么认为。与罗宾汉和他的伙伴们或者亚瑟王和他的圆桌骑士们一样，或许《摩西五书》中埋藏着一些隐晦的历史碎片，但你不能真的称其为历史。

根据犹太民族伟大的创世神话，他们的祖先曾被囚于埃及，但又英雄般地逃出生天，最终抵达“应许之地”。那里就是流淌着牛奶与蜜的以色列。那片土地是上帝曾经许诺给他

① 希伯来语中“妥拉”由表示“指引”“教导”的词根引申而来，因而广义上的妥拉也指上帝给犹太人的启示或者对人类的指引和教导。妥拉指《摩西五书》（又称《摩西律法》）是狭义的说法。

们的。可是，那里已经有别的部族居住，于是犹太民族为此开始了斗争。《圣经》里不断重复叙述这段传奇。他们认定摩西就是那个带领犹太人走出埃及并抵达应许之地的领袖。他们还相信是摩西写下了《圣经》的头五卷。

整个民族的人被囚禁，历经几代人之后再大规模地移民。你或许会认为这么一个大事件总该在考古记录或者埃及的历史记载中留下一些蛛丝马迹吧。很遗憾，不管是在考古记录还是在埃及的历史记载中，相关的证据都空空如也。没有任何证据表明在古埃及有过类似犹太人之囚的事情。尽管这一传奇深深烙在犹太人的文化当中，但很可能它根本没有发生过。当《圣经》提到上帝或者摩西的时候，他们的名字很可能跟着“领你们出埃及的神”或者类似的表达。

每年的逾越节盛会期间，犹太人族群还会纪念那所谓的出走。不管是不是事实，那段往事都算不上光彩。上帝让埃及的法老给受奴役的以色列人以自由。你可能会想到，凭上帝的能力足以奇迹般地让法老回心转意。不过，我们会看到他恰恰刻意地反其道而行之。首先，他给埃及人接连送上十次灾祸，并借此向法老施压。这十次灾祸一次比一次严重，直到法老最终举手投降而给了奴隶们自由。这十灾里面包括青蛙灾、疱疮灾、蝗灾等等，还让埃及天黑三日不见太阳。最后一灾起到了决定性作用，逾越节纪念的也正是这一灾。上帝杀了每家每户的长子，但是“越过”了犹太人家庭，放过了他们的孩子。以色列人被告知在家门口的柱子上漆上羊血，这样，前来杀戮的天使就可以辨别需要在这场屠子风暴中饶过哪家。你可能会想：全知全能的上帝应该可以辨别出哪家是哪家呀，但是《圣经》的作者可能觉得羊血会让这个故事多一抹美丽的色彩。不管怎么说，这就是传奇的逾越节。全世界各地的犹太人直到今天仍然每年都会庆祝这个节日。

其实，在这些灾祸之前，法老就已经差不多准备放弃对以色列人的囚禁而让他们离开了。如果是那样就好了，因为那些无辜的孩子就能幸免于难了。但是上帝成心用自己的魔法把法老逼到负隅顽抗的境地，这样他又可以再送去更多的灾祸。这种“启示”能让埃及人看清谁才是老大。上帝对摩西说：

> 我要使法老的心刚硬，也要在埃及地多行神迹奇事。但法老必不听你们，我要伸手重重地刑罚埃及，将我的军队以色列民从埃及地领出来。我伸手攻击埃及，将以色列人从他们中间领出来的时候，埃及人就要知道我是耶和华。

可怜的法老。上帝让他的“心刚硬”，让他不想放以色列人走，这样上帝就可以开始他的逾越把戏了。上帝甚至提前告诉摩西他会让法老说不。结果，埃及人清白无辜的长子们就这样遭殃了。这都是出自上帝之手。如我所说，这个故事并不光彩，不过值得庆幸的是这一切没有真的发生过。

相较犹太人被囚于埃及的传言，之后的巴比伦之囚就要可信得多了。关于巴比伦之囚的证据有很多。公元前605年，巴比伦国王尼布甲尼撒[①]包围了耶路撒冷并掳走了很多犹太人。大概60年之后，巴比伦自己也被波斯帝国的居鲁士大帝征服。居鲁士允许犹太人返回家园，而他们当中有些人也的确重返故土。《旧约》的大部分内容正是写于犹太人流亡巴比伦期间，或者差不多在那前后。摩西、大卫、挪亚或者亚当的故事，如果你认为它们是由同时代的人根据传言来写的话，那你得再好好想想！《旧约》里大多数貌似历史的内容一直到很久之后的公元前6世纪才成文。与《旧约》里主要描述的那些事件相比，这可已经过去了不知道多少世纪。

关于写《旧约》时犯的时代错误（anachronisms），我们可以从它的文本中发现端倪。时代错误指的是本不属于这一年代的东西误入文本。比如说一个演员去演一部关于古罗马的古装剧，但是他忘了把手表摘下来。怎么说呢，在《创世记》中我们就可以看到一个不错的案例，足以说明时代错误的问题。《创世记》里说亚伯拉罕有一群骆驼，但是考古证据表明骆驼应该是在亚伯拉罕去世之后很多个世纪才被驯化的。不过，到了巴比伦之囚的年代，骆驼已经完成驯化了，这才是《创世记》真正写成的时间。

---

① 这里指的是新巴比伦王国（公元前626—前539），与古巴比伦王国相区别。古巴比伦王国建立于公元前18世纪，创立过《汉穆拉比法典》。这里的“尼布甲尼撒”（Nebuchadnezzar）指的是尼布甲尼撒二世，与古巴比伦的尼布甲尼撒一世相区别。尼布甲尼撒二世是新巴比伦王国在位时间最长、最为强大的一位国王。

接下来，我们来说说《创世记》开篇的那些神话吧。挪亚的故事直接来自巴比伦神话——具有传奇色彩的《乌特纳庇什提》。鉴于《创世记》是在巴比伦之囚期间写的，这一点也不足为奇。《乌特纳庇什提》的故事出自苏美尔史诗《吉尔伽美什》。在这部史诗里，传说中的苏美尔国王吉尔伽美什寻求免死之术，他因此亲耳从乌特纳庇什提那里听到了大洪水的事情。和苏美尔人一样，巴比伦人也是多神论者。在巴比伦版本的故事里，众神决定用大洪水把所有人都淹死。但是，有一个叫伊阿的神警告了乌特纳庇什提，让他去建造一艘大船。伊阿在苏美尔神话里叫恩基。剩下的故事跟挪亚方舟的版本就很像了：关于方舟的每个细节和方方面面被精心编排，每种动物都上了船，乌特纳庇什提从船上放出鸽子、燕子和渡鸦，好看看前面有没有陆地，诸如此类。古代两河流域神话里还有另一个版本的大洪水故事。在这个故事里，对应挪亚的主人公叫作阿特拉哈西斯，而众神想要淹死人类，原因是我们太吵了。不同的故事细节有所不同，但本质上都是类似的。

希腊神话里也有与之相关的故事。暴怒的众神之王宙斯决定终结人类，他让洪水淹没了全世界。除了一对夫妇，人类都淹死了。这对夫妇叫丢卡利翁和皮拉。他们跟着一个箱子随波逐流，最终漂到了帕纳塞斯山才落脚。在世界各地，大洪水的神话传说都有些类似。这些神话传说里都只有一个人类家庭幸存下来。在古代墨西哥的阿兹特克传说里，考克斯考克斯（Coxcox）和他的妻子是大洪水仅有的幸存者。他们依靠一根中空的树干漂流。跟挪亚一样，他们最后到达山顶，然后下山重新繁衍人类。

在美国的肯塔基州，一些信仰《圣经》的基督徒筹款建造了一艘巨大的木质挪亚方舟，要想参观这艘方舟，大家得付钱，这些钱还不用缴税[①]。挪亚方舟的故事可是来源于多神信仰的巴比伦神话啊，不过，这么干也算是无知是福了。你可能也觉得他们应该对挪亚方舟的故事再掂量掂量。根据《圣经》，大洪水退去之后方舟停下的地方在今天土耳其的亚拉拉特山。如果这个故事是真的，那么，以亚拉拉特山为中心，我们应该看到动物的种类呈现出一种扩散的趋势。然而，事实上放眼全球，我们看到的是澳大利亚、南美洲和新几内亚的有袋动物，南美洲的食蚁兽和树懒，马达加斯加的狐猴——这几个大洲和岛屿都有自己独特的物种。

所以，那些肯塔基人在想什么呢？他们是在想象袋鼠先生和袋鼠太太就这么跳出方舟，然后一路蹦到了澳大利亚，而且这一路上还没生个孩子？还有袋熊夫妇、袋狼夫妇、袋獾夫妇、袋狸夫妇以及许许多多澳大利亚独有的动物也都是

① 这艘船在一个叫作 Ark Encounter（遇见方舟）的主题公园里，2016 年开园。该项目由基督教机构 Answers in Genesis 发起。方舟内部的后续施工依然在进行中，包括一个容纳数千人的剧场。由于该项目促进了当地的就业并带动了旅游，政府曾经给予税收减免政策，但是也有很多人以政教分离原则为理由指责这样的税收优惠并不合理。目前，该项目已经需要向州政府缴纳一定的营业税。

这样？101对狐猴伉俪[①]结伴而行，然后径直跑到了马达加斯加？还有我们的树懒先生，它就这么带着妻子慢慢爬到南美洲去了？当然，事实上所有的动物和动物化石都表明：它们生活在现在的地方都是理所应当的，而这一切都是基于进化论的法则。达尔文进化论的主要论据也是这么得来的。在澳大利亚，有袋类哺乳动物的祖先经过了几百万年的独立进化，也逐渐形成了多个分支——袋鼠、考拉、负鼠、短尾矮袋鼠、袋貂等等。另一类哺乳动物则在南美洲进化了几百万年，变成了树懒、食蚁兽、犰狳和与它们相类似的其他动物。在非洲大陆还有其他一类，在马达加斯加也是，后者有着各种各样的狐猴。这样的情况不胜枚举。

亚当和夏娃的故事也好，挪亚方舟的故事也罢，它们都不是历史。受过良好教育的神学家都不会认为它们是历史。如同世界各地不计其数的故事一样，它们是“神话”。作为神话，它们无可厚非。神话可以很美丽，也可以很有趣，但偏偏不能是历史。不幸的是，很多没有受过良好教育的人会认为它们真的发生过。在美国和伊斯兰世界，这种情况尤甚，他们真的是这么认为的。所有的民族都有神话，而我刚刚谈到的这两个神话都来自犹太民族。它们之所以在全世界范围内众所周知，是因为它们恰好被收录进了犹太教、基督教和伊斯兰教的经典。

① 这里指的应当是原猴亚目下面现存及已灭绝的101个物种。

古代神话如何起源？这个问题的答案从来都不明朗。或许，确实有某个原型故事真的发生过。比如说，某个当地英雄行为勇敢，像阿喀琉斯或是罗宾汉。可是，当人们围坐在火炉边的时候，可能某个富有想象力的说书人就开始用奇闻逸事去娱乐大众了。这些怪谈要么把真正发生过的事扭曲放大，要么添枝加叶图个乐子，可能和航海家辛巴达的故事差不多。对于听众来说，以前的神话角色已经耳熟能详，于是这些说书人可能就会将其加以利用，比如将新桥段安在赫拉克勒斯、阿喀琉斯、阿波罗和忒修斯身上。到了我们这个年代，他们又变成了兄弟兔或者是超人和蜘蛛侠。还有一点，说书人可能觉得他们的故事不是单纯为了娱乐，他可能也想把故事编成寓言。这就像耶稣讲的好撒马利亚人[①]的比喻，或者《伊索寓言》那样。

神话有着梦一般的属性。有时候神话故事的原作者就是在重新编织一个梦。古往今来，许多人相信他们的梦是饱含深意的。人们认为梦境预示着未来。澳大利亚原住民的创世神话神秘莫测。原住民们也会把神话追溯到遥远的祖先那里，他们称之为“梦创时代”（Dreamtime）[②]。

---

① 撒马利亚人是生活在中东的一个古老民族，今天在以色列境内还有几百人。《新约·路加福音》里记载耶稣曾经讲过这样一个寓言：一个犹太旅人遭强盗抢劫，被打得半死扔在路边。祭司和利未人路过都不闻不问，唯有撒马利亚人选择停下来照顾他。“好撒马利亚人”成为乐善好施的代名词。

② Dreamtime 一词由 19 世纪末澳大利亚本土的人类学家创造。它指的是澳大利亚原住民保有的“时间之外的时间”的概念，也是澳大利亚原住民世界观的基础。根据神话，这个时空中居住着他们所敬畏的祖先，天地万物皆生于此，而每个人又与这个时代通过某种意象的梦进行连接。

不管一个故事怎么开始，无论它是事实还是虚构、寓言还是梦境，当人们一代代重复它之后，一切都会走样。这就跟现在我们看到的传话游戏一样。高尚之举被夸大，最后就被夸大到了非人类的级别。有时候名字也变了：苏美尔传奇里的角色叫乌特纳庇什提，到了希伯来的复述版本里他就变成了挪亚，而且各种细节都变了。成功的说书人会对故事进行加工、对细节稍加改动好让故事更有意思。或者他会迎合听众，让故事更贴近他们本身的信仰或者心中的愿望。再或者，他把故事里的事件套到已经广受爱戴的某个人物身上。所以，当故事最终被写下来的时候，最初的样子已经所剩无几。这样，它就成了神话。

神话的发展可以非常之迅速。我们生活的这个年代就有很好的例子，所以我们可以目睹它们从刚刚萌生到蓬勃发展的全过程。关于“猫王”埃尔维斯·普雷斯利还活着的神话故事比比皆是。比照这个例子，再看看类似的耶稣复活，这时我们就会有更多思考的余地了。

要说现代神话，“货物崇拜”是我最喜欢的一个例子。这种崇拜来自太平洋上的新几内亚和美拉尼西亚群岛。第二次世界大战期间，这些地方的很多岛屿都被日军、美军、英军和澳大利亚军队占领。食品、冰箱、无线电、电话、汽车……充足的物资涌向军事前线。类似的情况自 19 世纪就一直有。殖民地的官员们和传教士们随身携带不少东西，也有不少物资是特地运来给他们享用的。但如此大规模的战时运输依然让岛民们惊异不已。岛民们从没见过这些外国人在这儿种粮食，也没见他们在这儿制作冰箱和汽车或者做什么有意义的事情。可是，这些好东西就是这么源源不断地从天而降。打仗的时候，这些东西都是用大型运输机运来的，所以在岛民眼中，真的是“从天而降”。岛民们似乎就这么理所应当地认为，这些讨喜的货物一定来自众神或者自己日日膜拜的祖先们。而且，鉴于这些外来的闯入者从来没干什么正经事就拿到了东西，那他们一定是在举行某种宗教仪式了。仪式规则一定是这样设计的：他们去取悦货物神，求神灵下一场货物雨，然后天上就会有货物落下来了。所以，岛民们也试着模仿外国人的仪式，他们觉得这样也可以取悦货物神。

他们是怎么做的呢？在他们看来，机场一定是某种神圣的场所，因为运输机都在那儿住着呢。于是，岛民们就在丛林里的空地上修建自己的“机场”，仿造了机场塔台、天线、飞机和跑道。仗打完了，外国人都离开这个军事前线了，也没有货物从天而降了。这时候，岛民们开始期待货物的二次降临。他们讨好货物神的努力程度再次翻倍，这也让他们想起物资丰富的光荣岁月。那些日子一去不复返，大家甚是想念。

这些小岛互相之间离得很远，但是货物崇拜在每个岛上都独立发展壮大了几十倍。在有些地方今天依然势头迅猛。在瓦努阿图的塔纳岛上，相关的崇拜依然存在。崇拜的对象叫约翰·弗鲁姆（John Frum）。当地岛民相信约翰·弗鲁姆是一个弥赛亚一般的神话人物，终有一天会回来关照大家，就跟耶稣一样。这个名字可能出自一个美国大兵，他叫“美国来（from）的约翰”。在美式英语里，from 为了与前面经常搭配的 come 连续，发音听上去更像 frum。另一个版本的崇拜活动中，主人公叫“海军汤姆”（Tom Navy）。在这两个案例中，新的名字只是被人格化地嫁接到了古老的部落之神身上，就好比乌特纳庇什提成了挪亚。

还有另一种崇拜，还是在塔纳岛，菲利普亲王成了被膜拜的神。这个案例和货物崇拜不尽相同。但是，菲利普亲王在海军任职的时候可是相当高大帅气的，穿上白色的海军制服，看上去一定是光彩夺目，足以在所到之处被民众报以拜神一样的欢呼。事情的进展就像开启了传话游戏一样：在 1974 年他对塔纳岛进行访问之后，关于菲利普亲王的神话就越来越像回事。即便到了 2018 年，有些当地居民还在翘首期盼他“耶稣复临”一般回归。

看了这些出自当代的宗教崇拜，我们就不难理解为什么造神其实挺容易了。或许你看过蒙提 · 派森的一部叫《万世魔星》（*Life of Brian*）的电影。电影里的“英雄”布莱恩不幸被当成了弥赛亚。面对一大群信众，他只能没命地逃跑。逃跑过程中，从他身上掉下来一只葫芦和一只凉鞋。一刻也没耽搁，他的信徒们就陷入了“宗教分裂”。他们分成对立的两派：一派拥护凉鞋当圣物，另一派则拥护葫芦。要是有机会你一定要看看这部电影，它真的非常幽默，也是对于宗教如何产生的一次绝佳讽刺。

戴维·阿滕伯勒（David Attenborough）[1]算得上我最欣赏的人之一（当然人人都爱他）。他曾谈到自己去塔纳岛的一次经历。在那里，他曾和一位叫萨姆的约翰·弗鲁姆崇拜者聊天。他向萨姆指出，整整19年过去了，可是约翰·弗鲁姆的二次降临迟迟没来。戴维·阿滕伯勒回忆道：

> 萨姆原来一直盯着地面，这时候他抬头看着我："你们等了基督2000年，他还是没来。那为了约翰·弗鲁姆，我可以等上比19年更长的时间。"

尽管萨姆错误地以为戴维·阿滕伯勒是个基督徒，但他还是有自己的道理。早期的基督徒们的确期待着在有生之年看到"耶稣复临"。根据《福音书》里耶稣自己说的那些话，也的确像是有这么回事。至少，写这些《福音书》的人是这么觉得的。

摩门教也算是一种较为晚近的信仰。和约翰·弗鲁姆崇拜、货物崇拜、猫王再生等等信仰不同的是，摩门教已经传遍了全世界，它已经变得财力雄厚、势力庞大。摩门教的建立者是一个叫史密斯的纽约州人士。1823年，他声称有个叫摩罗乃（Moroni）的天使告诉他上哪儿可以挖到那种写着古

---

① 戴维·阿滕伯勒爵士，英国著名自然历史学家和生态纪录片出品人。近年来，他参与了《行星地球》《蓝色星球》《王朝》等热门纪录片的制作。

代经文的金页片（golden plates）。史密斯说他的确照办了，并且把页片上的古埃及文翻译成了英语。他能有此成就得益于一顶魔法帽里的魔法石——当他盯着帽子看的时候，那块石头向他昭示了文字的含义。1830年，他出版了这些译文。

让人费解的是，那段英文并不是他那个时代通用的英语，而是他生前200多年出版的《钦定版圣经》里的那种英语。比如，这段文字里不断重复用“it came to pass”这样的旧式英语表达“发生”。马克·吐温曾经戏称，如果把每个“it came to pass”都删掉，那《摩尔门经》（the Book of Mormon）[①]就会缩水成跟小册子一样薄。为什么会这样？史密斯在玩什么把戏？他觉得上帝说的是英语？还得是16世纪的英语？这和另一个故事挺像的（也可能是假的，但是它流传甚广，跟上一章说的那个充气娃娃的故事一样）。这个故事的主人公是得克萨斯州的前州长米莉亚姆·A.弗格森（Miriam A. Ferguson）。对于西班牙语被列为该州官方语言一事，弗格森州长不是很乐意，有人说她曾如是评论：“如果对于耶稣来说英语已经够用，那对于我来说也是。”

看到史密斯用这么过时的英语，你可能会觉得这总足以让人怀疑他是个骗子了吧。这还得加上一点：早就有法院判了他诈骗罪。尽管如此，他还是很快就有了不少拥趸，到今天已经有了数百万人之众。1844年，史密斯被人谋杀。在那

---

① 2007年，《摩门经》的官方中文译名变更为《摩尔门经》。因此，摩门教也有时被改称“摩尔门教”，本书在提及摩门教时仍然使用了比较常见的惯有译名。

之后不久，他的崇拜体系就在杨百翰（Brigham Young）的治下成长为一种新晋的主流宗教。杨百翰是个颇有魅力的领导型人物，他的做法跟摩西有些相似（你也看到了一种神话是怎么从它之前的神话里取经的）。他带领着信徒游走在朝圣的道路上，只为寻找应许之地。最终他们找到的就是犹他州。今天，这个州很大程度上被摩门教徒主宰。如今的摩门教在世界范围内以"耶稣基督后期圣徒教会"（Church of Latter Day Saints，简称 LDS）的名义进行传播。在犹他州的盐湖城有一座巨大的摩门教圣殿，而全美乃至世界各地这样巨大的圣殿还有至少上百座。摩门教已经不再是像瓦努阿图的约翰·弗鲁姆崇拜那样的地方信仰。摩门教徒中有的人是美国工业界的卓越领袖，有的人有大学学位且衣冠楚楚，有个人甚至差点儿成了美国总统[①]。富甲一方之后，摩门教徒会把自己收入的十分之一捐给教会。看看那些雄伟的教堂，你就可以略知一二。

但是，摩门教绅士们虽然腰缠万贯，却相信一些荒唐之事，而且是有科学证据证伪的无稽之谈。比如，《摩尔门经》里详尽描述了美洲原住民的祖先在公元前 600 年是怎么从古以色列移民到北美的。有人真的用 DNA 证据板上钉钉地证明这都是假的，搞得像这种假话还一眼看不出来似的。你可能又觉得这足以向摩门教徒们说明史密斯是个冒牌货了吧？但

① 指的是米特·罗姆尼。2012 年，他作为共和党候选人与奥巴马竞选总统，最终落败。

是，这也无济于事。

情况越来越糟。炮制出《摩尔门经》几年以后，史密斯宣称他还翻译了些古埃及文书。他说这些文书发现于埃及底比斯附近，然后被一个收藏家买下。1842 年，史密斯就把这些“译文”出版，称为《亚伯拉罕书》。他还声称《亚伯拉罕书》描述了亚伯拉罕的生平和埃及纪行。关于亚伯拉罕的早年生活、埃及的历史天文，这本书都有详尽的记载。1880 年，摩门教会正式给予《亚伯拉罕书》经典地位。

研究古埃及象形文字的专家们怀疑史密斯的“译文”也是假的。1912 年，纽约大都会博物馆馆长在写信时表示《亚伯拉罕书》是“纯粹的捏造……从头到尾都是胡说八道的集合”。但虔诚的摩门教徒们还可能依然对它坚信不疑，因为它的纸莎草纸原稿一度被认为已经丢失。这些原稿曾经存放在芝加哥的一家博物馆里，而博物馆在 1871 年着了火。不过，对于史密斯来说，有件事很不幸——不是所有的纸莎草纸都毁于一旦。1966 年，部分原稿重见天日。这时候，学者们得以了解书写这些文书所用的语言究竟为何。这些学者有的是摩门教徒，有的不是，但是他们都能真正看得懂这些文字。他们开始正儿八经翻译这批文书，而结果就变得不一样了：文书的内容根本就和亚伯拉罕风马牛不相及。史密斯的“译文”就是一个长篇累牍又明显是故意为之的骗局。

所以，我们很确信的是：手稿是真实存在的，但史密斯的《亚伯拉罕书》却是一份假译文。那之前的《摩尔门经》

呢？这本“译作”不也很可能是假的吗？又是魔法石，又是魔法帽，还有金页片，而且这金页片还“消失”了，这样就没有别人再能看见了①。你可能觉得这下摩门教徒总算可以大概明白事情的来龙去脉了吧，但即便这样，史密斯堂而皇之伪造《亚伯拉罕书》的欺骗行为也不足以撼动教徒们的信仰。

我想这说明了一点：孩提时代被灌输的思想还真是能量惊人。如果人们在某种宗教氛围中长大，那么他们很难丢掉这些宗教信仰。然后，他们再把这种信仰传到下一代身上，并且一代代传下去。耶稣基督后期圣徒教会是世界上传播速度最快的宗教之一。这值得思考，而且可能也是了解基督教是怎么起步的好机会。基督教的早期，没有报纸，没有互联网，没有相关的书籍。在耶稣死后的几十年的时间里，这一信仰却就此腾飞——耶稣童贞女之子的身份、耶稣的神迹、耶稣复活、耶稣升天……不一而足。

和摩门教以及约翰·弗鲁姆崇拜不同，《新约》里诸如伊甸园这样的神话的诞生年代真的太早，以至于我们已经没法弄清楚它们最早是怎么开始的。每个部族都有自己的创世神话。这并不奇怪，人们自然而然地会想知道他们从哪儿来，动物们从哪儿来，这个世界、太阳、月亮、星星都是怎么形成的。伊甸园的故事便是犹太民族的创世神话。全世界的创世神话成千上万，可是犹太人的创世神话偏偏碰巧收录进了

① 按照摩门教会的说法，在翻译完成以后，天使摩罗乃收回了那些金页片，所以《摩尔门经》的原件不在人间。

基督教《圣经》。这仅仅是因为一种双重巧合——耶稣是个犹太人，而君士坦丁大帝又改宗基督教。和挪亚方舟的故事不同，亚当、夏娃的神话可能并非来源于古巴比伦。非洲中部丛林里有一个矮人部落，部落成员被称为俾格米人，而他们的创世神话与亚当、夏娃的故事倒有几分类似。这一点挺有趣的。

你要记住，在希伯来神话里，亚当是由“地上的尘土”造出来的。上帝“将生气吹在他鼻孔里，他就成了有灵的活人”[①]。然后上帝又像园丁一样在亚当身上切开一个口子，抽出一根肋骨，就这么把夏娃造出来了。你一定很惊讶：居然有那么多人就因为这个神话真的以为男人相比女人少一根肋骨！

亚当和夏娃被安置在伊甸园这座漂亮的花园里。上帝告诉他们在花园里可以想吃什么就吃什么。但是有一个例外，而这个例外很重要。花园中央有一棵特别的树——知善恶树，那树绝对沾不得。无论如何，那树上的果子他们都不能吃。过了一段相安无事的日子，有条会说话的蛇悄悄溜到夏娃身边。那条蛇怂恿夏娃去吃那树上的禁果。她自己吃了不说，还劝亚当也去尝尝。这下好了吧，顷刻之间，他们就满脑子都是些本来堪称禁忌的知识了，而这其中就包括他们认清了自己赤身裸体的事实。他们羞于一丝不挂，于是找树叶当围

---

① 《旧约·创世记》2：7。

裙。这可在上帝面前露出了马脚。“天起了凉风，耶和华神在园中行走。”[1]（这句写得漂亮！）上帝意识到他们一定是吃了那可怕的果子，非常生气。可怜的亚当和夏娃被永远地逐出了美丽的伊甸园。作为惩戒，亚当和他所有男性子孙后代都得终其一生从事累死人的体力活；夏娃和她所有的女性后代都得遭受分娩之痛；蛇和它的后代再也没有了脚，遭到只能贴地滑行的惩罚（很可能还因此丧失了说话的能力）。

我们现在把这个出自犹太人的神话和俾格米人的版本比较一下。一位比利时的人类学家[2]就曾经指出过这种相似性。这位人类学家曾在刚果[3]的伊图里森林里和俾格米人一起生活。在那里，他学习当地人的语言，还翻译了数个不同版本的创世神话。下面的是其中的一个版本：

> 一天，天堂里风和日丽。神让他的首席助手去创造第一个人类。于是，月亮天使降临人间。他用泥土做好人类的模型，还在泥土外面包裹上皮肤。然后，他把血液注入皮肤，并在皮肤上打了几个眼，用作鼻孔、双眼、耳朵和嘴巴。他还在这个人的臀部打了另一个洞，把所有的器官都放了进去。接下来，他又把自己的勃勃生机通过一口气吹进了这小小泥巴人的体内。生机钻进了泥

---

① 《旧约 · 创世记》3 : 8。

② 指的是后文提及的让–皮埃尔 · 阿莱（Jean-Pierre Hallet，1927—2004）。下面的引文出自他出版于 1973 年的《基塔布的俾格米人》（*Pygmy Kitabu*）一书。

③ 指的是今天的民主刚果共和国，曾经的比属刚果。

巴人的身体里，眼见着那个泥巴人就这么动起来了……他坐起来了……他站起来了……他走路了。这就是埃菲。他是第一个人类，也是万万千千后来者的始祖。

神对埃菲说："生儿育女吧，让他们住满我的森林。我将竭尽所能给予他们所需的一切，但求他们安居乐业。他们无须劳作，他们将是大地的主宰，他们会永生不死。唯有一事我断不能允许他们去做。现在，你仔细听好，将我所言告知你的孩子，并将此戒条世代相承。对人来说，那塔胡树便是绝对的禁区。无论出于何种原因，你切不可破此戒律。"

埃菲谨遵教诲。他和他的孩子都不曾靠近那树。多年过去，神召集埃菲说："到天堂来，我需要你来助我！"于是，埃菲上了天堂，而其他俾格米人的祖辈们依然遵照戒律和教诲相安无事地生活了很长很长时间。然而，可怕的一天来了。一个怀孕的女人对丈夫说："亲爱的，我想尝尝塔胡树上的果子。"她的丈夫应道："你知道这是要犯错。"她问："为什么？"她丈夫回答："因为这是大逆不道。"女人又说："这戒律已经过时，而且很蠢。你更在乎我还是这老掉牙的愚蠢规定？"

夫妇俩争执了良久。终于，男人屈服。虽然他的心跳伴随着恐惧，可他还是溜进了密林深处。他越来越近了，遭神禁忌的那棵树就在前方。这个罪人从塔胡树上摘下了一个果子。削去果皮，又把这些果皮藏在一堆叶子下面。之后，他又回到营地向妻子奉上果子。女人尝到了果子。

她让丈夫也尝尝。男人照做了。部落的所有人都来咬了一口。人人都吃了禁果，人人都觉得神发现不了。

与此同时，月亮天使在空中看得一清二楚。他急不可待地给主人带去消息："人类吃到塔胡树上的果子了！"神怒不可遏，他对俾格米人的祖先说道："你们忤逆了我的命令，所以你们都终有一死！"

看完这则神话，你怎么想？你觉得是个巧合吗？它与伊甸园的故事很接近，但又让人难以确定是不是巧合。或者有某种思维定式深埋于人类祖先的潜意识当中，却又各自以神话的形式跳出来。瑞士著名的心理学家荣格将这种潜意识称为"原型"（archetypes）。荣格的意思是"禁果"是人类普遍的心理原型。不管是对于犹太人还是对于俾格米人来说，它都暗藏在人们的思维当中，然后各自独立启发了两个民族的创世神话。或许，为了搞清楚世界各地的神话都是如何起源的，我们应该把荣格的原型理论加入我们的研究序列之中。殃及全世界的大洪水成了广泛流传的神话，这会不会又是一个荣格所说的原型呢？

你或许已经想到还有一种可能性：会不会俾格米人的神话并非完全是土生土长的？会不会某种程度上它已经受到了基督教传教士的影响？传教士可能先教会了俾格米人亚

当、夏娃的故事，然后，经过一代代人的口述，这个故事在丛林深处又走了样。“禁果”这个概念源于《圣经》，却由此融入了俾格米人自己的创世神话体系当中。在我看来，这也非常有可能。然而，翻译这个神话的比利时人类学家让-皮埃尔·阿莱却坚信这种影响是反过来的。(对了，此人真了不起。你试试在谷歌里加上“坏家伙”[①]一起搜搜他的名字。)他认为禁果的传说最早源于俾格米人，然后经过埃及传到了中东。不管哪种说法成立，当一种神话在另一种神话里变身出现，它们之间的差别也再一次证明了传话游戏效应的威力。

和亚当、夏娃的神话一样，很多部族的神话都像诗一样美丽。可是不巧，鉴于太多人没有意识到，我还得再重复一遍：它们不是真的，它们不是历史。大多数神话甚至连基于历史都谈不上。我们通常觉得美国是个教育发达的先进国家，某些方面它的确是。可是，有个事实让人吃惊：在这个伟大的国度里，将近一半的人居然相信亚当、夏娃的故事是真的！幸运的是，还有另一半人不信。正是他们让美国成为人类历史上科技能力最强的国家。你不得不思索一个问题：要是没有另一半对科学无知且相信《圣经》字字为真的同胞拖后腿，那一半人能再往前进步多少？

今天，不管是亚当、夏娃，还是挪亚方舟的神话，受过

① 原文为 badass，但并非形容让-皮埃尔·阿莱是个恶人，而是对其传奇人生的一种调侃。让-皮埃尔·阿莱在其一生中曾十多次遇到几乎丧命的情况，如被俾格米人高致命的有毒吹箭击中、用 TNT 炸药在坦噶尼喀湖捕鱼却意外被炸、被猎豹袭击等等，但都奇迹生还。他还未成年时就曾参加游击队抵抗德军，据说曾为超过 500 名婴儿接生，还学习过 19 门语言。

良好教育的人都再不会信以为真。但是，很多人相信耶稣的神话（比如耶稣从墓地里复活再生）、伊斯兰教的神话（比如穆罕默德驾着一匹有翅膀的马）或者摩门教的神话（比如史密斯翻译金页片）。你认为这么做就对了？选择相信它们而不是伊甸园、挪亚方舟、约翰·弗鲁姆以及货物，理由就更为成立了？不知道你在何种信仰体系里长大，如果你相信你自己信仰里的神话，那凭什么这些神话就比其他信仰里的神话更可能是真的？要知道另外的那些神话也被其他人深信不疑啊。

我们曾把《圣经》当作历史看待，但那里面的几乎都不是历史。我们也曾把《圣经》当作神话看待，而它大部分就是神话，这么说并没有错。人们对于神话的价值也有正确的认识。但是，没有必要把《圣经》神话单独挑出来，说什么它们比北欧神话、希腊神话、埃及神话、波利尼西亚群岛的神话、澳大利亚原住民的神话，或者其他数不清的非洲、亚洲、美洲神话更有价值。但是，《圣经》还有一个更重要的名头——“至善之书”（The Good Book），一本饱含道德智慧、引领我们走向美好生活之书。很多人（特别是美国人）已经到了相信没有这本书你就当不了好人的地步。

《圣经》真的可以担当得起“至善之书”的道德美名吗？读了接下来的一章，你可能会有自己的判断。

第四章

真的是“至善之书”？

“动物们成双成对地走进来。”——我们都喜欢挪亚方舟的故事。长颈鹿夫妇、大象夫妇、企鹅夫妇和其他动物夫妇都耐心地沿着舷梯走上大木船，而挪亚偕妻子在那儿满脸欢喜地欢迎它们登船。多美好的一番景象。但是等等，这波及世界的大洪水一开始是怎么来的？是因为上帝对于人们的罪恶恼羞成怒，“惟有挪亚在耶和华眼前蒙恩”[①]，所以上帝决定把其他男女老少通通淹死。动物们也不能幸免，每个物种只有一对得以幸存。所以终究不是那么美好咯？

不管我们觉得上帝这个角色是不是纯虚构的，我们都可以区分他的善恶，就如同我们也能判断伏地魔、达斯·维达、约翰·西尔弗[②]、莫里亚蒂教授、金手指[③]、库伊拉是不是坏人。

---

① 《旧约·创世记》6：8。

② 英国名著《金银岛》中的独腿水手反派。

③ 1964 年的电影《007 之金手指》中的反派富豪。

所以，在本章，当我说“上帝做了什么什么”的时候，我的意思其实是“《圣经》说上帝做了什么什么”。基于此，我们也可以判断上帝这个“角色”是不是一个好角色，也可以瞧瞧他做的那些事是真是假。我说归我说，在看了所有内容以后，还要不要继续热爱上帝，决定权完全在你。接下来，我们会看到《圣经》里约伯的故事，他就做出了自己的选择。

约伯善良正直，热爱上帝。上帝对此很高兴，于是他决定为了约伯和魔鬼撒旦打一个赌。撒旦觉得约伯为人善良、品行端正、热爱上帝都只是因为他被命运垂青，因为他既生活富足又身体健康，而且他还有美丽的妻子和 10 个可爱的孩子。上帝打赌说就算这些好运全部散尽，约伯也还是会一样善良，还是会一如既往地热爱、崇拜自己。为了做测试，上帝允许撒旦夺去约伯的一切，撒旦也依约行事。可怜的约伯！他的牛羊全都死了，仆人们都被杀了，骆驼也被偷了。大风卷跑了他的房子，所有的孩子都没了命。但是上帝赢了，因为即便面对百般挑衅，约伯也从没生上帝的气，也没有因此就不再热爱和崇拜上帝。

尽管如此，撒旦仍然不愿承认失败。上帝允许他进一步考验约伯。这次，撒旦让约伯全身上下长满了疱疮，就跟上帝用来打击埃及人的那种疱疮一样。（我们都知道疱疮是由细菌引起的。《约伯记》的作者并不知道这点，但可能上帝和撒旦知道怎么制造疱疮吧。）约伯的信仰依然坚定，他对上帝热爱依旧。所以，最后上帝奖励了约伯。他不仅医好了疱疮，还给了约伯一大笔钱，比之前的财富还要多很多。约伯的妻子生了更多的孩子，从此他们就幸福地生活在一起。可惜那死去的 10 个孩子和所有因为这次打赌丧命的人了，但是就像人们常说的："舍不得孩子套不着狼。"

和挪亚方舟的神话传说一样，这也只是一个故事，并未真实发生过。一如《圣经》里的其他卷本，我们也不知道《约伯记》是谁写的，更不知道作者（身为男性的可能性比身为女性的可能性大）是不是真的认为有约伯这么一号人存在。作者可能就是用一个虚构的人物来传道授业。这种可能性很大，因为体量巨大的《约伯记》包含了不少长篇对话。对话的主角是约伯和他的朋友们。他们聊的是道德议题，谈论怎么对上帝尽责。有时候朋友的安慰适得其反。但是，不管是不是出于作者的本意，为数不少的虔诚的基督徒和犹太教徒依然觉得这个故事是真的——真的有一个饱经痛苦的男人名叫约伯。虔诚的穆斯林也会相信这点，因为《古兰经》里也有约伯的故事。对于挪亚的故事，他们也是如此地深信不疑。而同一批人也会认为经书是指人向善的最佳指南。所有这些虔诚的信徒都会相信上帝自己就是善良的最好垂范。

这里还有另一个故事。这个故事会让人有点儿不安，同样是上帝测试某人是不是真的爱戴自己。想象一下在你小时候，你的爸爸早上叫醒你，然后跟你说："今天天气真好啊。你要不要跟我一起去野外走走？"你可能觉得这个主意不错，于是跟着一起享受好天气去了。过了一会儿，你爸停下来去拾掇柴火。他把柴火堆得高高的，而你喜欢点篝火，于是你就去搭把手。但就在篝火快要点燃的时候，可怕的事情发生了。你的爸爸毫无征兆地抓住你，把你扔到柴火堆上。他把你捆紧让你动弹不得，你吓得大叫。他是要把你放在篝火上烤吗？比这还糟的是他还拿出了一把刀。当他拿刀举过头顶时，你终于确信无疑了：你的爸爸准备把你大卸八块，之后再放到火上烤。这是你的爸爸呀，是那个在你小时候给你讲睡前故事、教你认花识鸟、给你送礼物、在你怕黑时安慰你的亲爸爸呀，怎么会变成这样？

突然他停下来，他仰望天空，面露奇怪的神情，就像在扪心自问。他把刀收起来，给你松绑，跟你解释刚刚发生了什么。但是，你已经被吓瘫了，根本听不见他在说什么。他终于让你明白是怎么回事了，原来都是上帝干的。上帝下令让你爸爸宰了你，再把你放到熊熊篝火上面献祭。但是，这只是一个玩笑——测试你爸爸是不是对上帝忠诚的玩笑。你的爸爸不得不对上帝表示忠心，因为他爱戴上帝。要是上帝下令，他甚至准备好把自己心爱的孩子杀了。当上帝看到你爸爸动真格的时候，他及时出面干预。骗到你啦！这是个愚人节玩笑！我不是认真的！是啊，这就是个玩笑，不是吗？

还能有比这更差劲的恶作剧吗？这个恶作剧估计会成为孩子一辈子的阴影，也会永远成为父子关系里的一个结。但这就是《圣经》中上帝的所作所为，分毫不差。你可以去《创世记》的第 22 章看看这个故事的完整版本，爸爸叫亚伯拉罕，儿子叫以撒。

同样的故事在《古兰经》（37：99—111）里也有。《古兰经》里儿子的名字没有提及，但是根据伊斯兰教的传统说法，那是易卜拉欣和另一个女人生的儿子，在《圣经》里叫以实玛利。这个故事的《古兰经》版本是这样的：易卜拉欣做了一个梦，梦见他自己拿儿子献祭。一个梦就足以让他相信这是真主在告诉他照此行事。于是他去询问儿子的意见。叹为观止的是，儿子居然鼓励父亲拿自己去献祭。根据伊斯兰教的另一种传统说法（这种说法未被《古兰经》收录），魔鬼晒衣陀乃曾劝易卜拉欣不要做这么可怕的事情。这倒让恶人变成故事里的好人了。但易卜拉欣宁愿信梦，他朝晒衣陀乃扔石头赶他走。在每年开斋节的时候，穆斯林还会象征性地重现扔石头这一幕。

如果你是以撒（或者以实玛利），你还会原谅你的父亲吗？如果你是亚伯拉罕，你还会原谅上帝吗？如果这种事情发生在现代社会，亚伯拉罕就会因为对孩子实施的可怕暴行而被关起来。要是他辩解说“我只是在遵命行事”，你能想象法官会怎么说吗？“你是遵循谁的命令？”“法官大人，是这样的，我在脑中听到一个声音。”或者，“我做了个梦。”如果你是陪审团的一员，你会怎么想？你觉得这个理由站得住脚吗？还是你会送亚伯拉罕去坐牢？

万幸的是，我们没理由相信此事真的发生过。就和我们在第二章、第三章里看到的大部分《圣经》故事一样，这个故事依然没有充分的证据证明确实发生过。其实，甚至没有证据可以证明亚伯拉罕和以撒真的存在过。它的真实性不比小红帽的故事多多少（就算人人知道是假的，可小红帽也还是个很可怕的故事），可问题的关键在于，不管虚构与否，《圣经》都作为“至善之书”而被高举在我们面前，它的主角上帝被塑造成至善的化身，很多基督徒仍然把《圣经》当作事实看待。在后面的第五章里我们可以看到，很多基督徒甚至认为离开了上帝，他们就不可能向善，甚至不可能搞清楚什么是善良。

不管是上帝测试亚伯拉罕，还是上帝测试约伯，这两个故事都让我不禁觉得上帝这个角色不但很残忍，而且——怎么说呢——靠不住。上帝就像小说里喜欢吃醋的妻子似的，她不确定丈夫是不是忠贞，所以刻意设下出轨的陷阱等着丈夫上钩。她可能会让颇有姿色的女性朋友去引诱丈夫，只是为了证明丈夫对自己忠贞不渝。而且，如果上帝无所不知，他就早应该知道亚伯拉罕和约伯面对考验会有什么样的表现。

在《圣经》里，上帝就常把自己描绘成这样爱嫉妒的角色。在一些篇章中，他甚至说自己的“名字”就是嫉妒。但是，普通人嫉妒情敌或是商业竞争对手，上帝嫉妒的是其他神。有时候，他嫉妒的理由还挺充分。我们在第一章里看到，早期的希伯来人并不像今天这样严格地遵循一神信仰。他们将耶和华尊为部族之神，这并不代表他们怀疑其他部族的神的存在，他们只是认为耶和华更强大、更配得上他们的推崇。

有的时候他们也会被其他的神吸引。当他们拜别的神的时候，被上帝抓个现行后果可就很严重了。

《圣经》告诉我们，有一次，以色列人的传奇领袖摩西登至山顶和上帝对话。摩西去了很久，久到他的族人都开始怀疑他究竟还能不能回来了。他们劝摩西的哥哥亚伦挨家挨户筹措黄金，然后趁摩西不在把这一大把黄金熔铸造成一尊新的神——金牛犊的神像。这在今天看来或许有点儿奇怪，但那个时候，崇拜动物神在当地相当普遍，这其中就包括牛神。摩西不知道他的族人在背叛上帝，但是以色列人的一举一动上帝可是看得一清二楚。上帝嫉妒得要命，他让摩西火速下山前去制止。摩西抓住金牛犊，放了一把火烧了，还磨成了粉末。他又把粉末和在水里，让族人喝掉。以色列人的一支利未人并没有拜倒在金牛犊面前，于是，上帝通过摩西下令每个利未人带刀出发，尽其所能杀掉其他族人。这一下就死了三千人。可就是这样也不能平复上帝满怀嫉妒的狂怒，他又送上一场瘟疫横扫幸存者。如果想要对自己好点儿，你最好别跟上帝这个角色搅和到一起，尤其是你敢看别的神试试！

那摩西在山上和上帝干吗呢？干了不少事情，其中之一就是上帝向摩西传达著名的《十诫》。《十诫》是刻在石板上的。摩西把石板带下山，但是他看到金牛犊的时候气坏了，因此把石板扔下山摔坏了。别担心，上帝后来又给了他一套。《圣经》在两个不同的地方分别告诉了我们这点。如果你今天问一个基督徒他们的宗教是不是有向善的力量，他们八成会引用《十诫》当例子。但当我问他们《十诫》到底说了什么，我发现他们通常只记得一个:“不可杀人。”

我会说如果要当一个好人，这条规则显而易见啊，根本用不着刻在石板上。但是，我们会在第五章中发现，它真正的意思是:“不可杀本族的人。”你要是杀外人，上帝是没有什么意见的。我们在这一章的后面也会看到，《旧约》里的上帝一直在敦促他的选民去屠杀其他部族。在其他的虚构作品中很难见到这样的嗜血与残忍。不管怎么样，“不可杀人”这句话在《十诫》里面也没有什么突出地位。在不同的文化传统里，如何履行《十诫》有些细微差别，但是大家都强调《十诫》的第一条:“除了我以外，你不可有别的神。”嫉妒心又来了!

耶和华是忌邪施报的神。耶和华施报大有忿怒。(《旧约·那鸿书》1:2)

不可敬拜别神，因为耶和华是忌邪的神，名为忌邪者。(《旧约·出埃及记》34:14)

根据《圣经》，上帝还有一个小小的爱好：他很喜欢闻肉烧起来的味道。这通常说的不是人肉，但是也不尽然。当他下令亚伯拉罕把以撒绑在柴火堆上的时候，亚伯拉罕理解的理由便是上帝又想闻那可口的香气了。上帝好这一口可有些年头了。在最后一刻出面干预救下以撒之后，上帝放出一只公羊，让它的双角卡在附近的灌木丛中。亚伯拉罕明白了是什么意思，于是就把那可怜的动物给宰了。上帝没有闻到以撒的肉香，而是闻到了羊肉的味道。对于突然出现的公羊，主日学校[①]官方解释说这是上帝在告诉人们不要用人献祭，而应该用动物。在那个年代，故事里的上帝很喜欢跟人说话——毕竟，他还让亚伯拉罕去杀了以撒。所以，你可能会想：他本可以直接说用羊献祭，不要用人，为什么要让可怜的以撒经历如此可怕的折磨？如果你读了《圣经》，就会发现这样的信息经常是兜着圈子用“象征性”的手法来传达的，而不会那么直截了当。而我忍不住在想：一个善良的上帝应该会告诉人们献祭连羊也不要用吧。

上帝那么喜欢跟亚伯拉罕说话，那为什么现在他却不再喜欢跟人说话了呢？在《旧约》的一些章节里，似乎他的嘴就一直说个不停。他好像差不多天天都在和摩西说话。但今天没有人再听得到上帝的只言片语——要是有人说听到了，我们就会觉得此人需要精神治疗了。这点本身有没有让你怀疑那些陈年旧事也可能不是真的？

这儿还有一个故事可能会让你质疑上帝善良与否。《士师记》第 11 章里有个以色列人将军叫耶弗他。他与敌对部族亚扪人（Ammonites）作战，迫切需要一场胜利。耶弗他太想赢

① 在星期日对儿童进行宗教教育的学校。

了，所以他答应上帝：只要上帝让他打败亚扪人，他回家以后会把第一眼看到的烧了献祭，不管是什么东西或是什么人。上帝就给了耶弗他渴望的胜利，“大大杀败他们”。你可以想象亚扪人有多可怜。但是事情变得更糟了：碰巧第一个从家里出来恭贺耶弗他的是他心爱的女儿。他的独生女走出屋子，欢呼雀跃地迎接得胜归来的父亲。耶弗他惊恐地想起他向上帝许下的诺言，但是他没有选择的余地，他只能把女儿当菜做了。之前有人承诺会奉上烧肉的香味，上帝对此已是翘首以盼。对于被送去献祭一事，耶弗他的女儿非常得体地表示同意。她只是要求先去山上待两个月：“好哀哭我终为处女。”两个月后，她履行完了义务之后就回来了。耶弗他信守承诺把女儿给烤了，这样上帝也心满意足美美地闻上烟熏的味道了。但这一次上帝倒是忘了亚伯拉罕和以撒的教训，他并没有出面干预。对不起女儿了！谢谢你的善良，也谢谢你一辈子守身如玉。出于某种原因，守身如玉这点对于献祭来说非常重要（见《士师记》11：39）。

那最初耶弗他为什么要和亚扪人打仗呢？上帝又为什么要出手相助确保他打胜仗呢？《旧约》里满是血雨腥风的战争。不管什么时候，只要以色列人打了胜仗，一定会归功于嗜血好战的上帝。在摩西领导以色列人走出埃及以后，《约书亚记》和《士师记》里就尽是以色列人发动的战役了，而这一切都是为了拿下应许之地。这块以色列人的土地也是“流奶与蜜之地”。为了让以色列人拿下此地，上帝帮他们彻底消灭了早已在此居住的其他民族。这些民族真是可怜。为此，上帝下命令的时候一点儿也不兜圈子，倒是明白得可怕。

> 你吩咐以色列人说：你们过约旦河进迦南地的时候，就要从你们面前赶出那里所有的居民，毁灭他们一切錾成的石像，和他们一切铸成的偶像，又拆毁他们一切的邱坛。你们要夺那地，住在其中，因我把那地赐给你们为业。（《旧约 · 民数记》33 : 51—53）

“因我把那地赐给你们为业。”什么？这算是打仗的好理由吗？第二次世界大战期间，阿道夫 · 希特勒侵略波兰、苏联和东线其他国家。为此，他辩解说这是因为高高在上的日耳曼优等民族需要“生存空间”。这和上帝让他的“选民”宣战的理由真是如出一辙。对于挡在去“应许之地”道路上的部族和已经生活在“应许之地”的部族，上帝倒是很善解人意地做出了区分。对前者用的是和平手段，如果愿意的话，他们可以悄悄离开。最不济的情况就是男人全部被杀、女人全部充当性奴。

既然上帝已经为他的“选民”承诺了一块“生存空间”，对于那些不幸刚好生活在应许之地的民族来说，等待他们的处置办法可就没那么客气了：

> 但这些国民的城，耶和华你神既赐你为业，其中凡

有气息的，一个不可存留。只要照耶和华你神所吩咐的，将这赫人、亚摩利人、迦南人、比利洗人、希未人、耶布斯人都灭绝净尽。(《旧约 · 申命记》20：16—17）

上帝真的以此为业，他残忍的愿望也被一字不落地贯彻执行。不仅仅在征服“应许之地”的过程中是这样，贯穿整个《旧约》的战争都是如此：

现在你要去击打亚玛力人，灭尽他们所有的，不可怜惜他们，将男女、孩童、吃奶的，并牛、羊、骆驼和驴，尽行杀死。(《旧约 · 撒母耳记上》15：3[①]）

上帝甚至下令杀掉孩子，尤其是男孩。至于女孩嘛，她们留着有用，因为……呃，你还是自己接着看吧，然后不需要太多想象力你就知道为什么了。

所以，你们要把一切的男孩和所有已嫁的女子都杀了。但女孩子中，凡没有出嫁的，你们都可以存留她的活命。(《旧约 · 民数记》31：17—18）

今天，我们会把这种行为称为种族清洗和虐待儿童。

① 原文为15：2，有误。

这些段落和《圣经》里许多类似的章节让神学家们很是尴尬。对于《旧约》里的这些故事，现代的考古发掘和学术研究没发现证据能证明其中有一鳞半爪是史实。对此神学家们真该感到庆幸。他们会打马虎眼说：很多恐怖的故事都是有着象征意义的神话和道德教育价值的传说，它们跟《伊索寓言》一样都不是真的历史。听着倒是没错，只是你可能会好奇：怎么可能从这些可怕的传说里看出像样的道德教育来？——杀气腾腾的暴力、为“生存空间”打仗、大屠杀一样的种族清洗以及把妇女和女童当作男人的财产，然后再把她们当作性奴蹂躏。

现代的基督教神学家有时会把《旧约》整体打包一笔勾销，而说到《新约》就会如释重负。《新约》里耶稣给人的印象比他的天父要善良多了。耶稣本人并不确定要不要进行这样的对比。《约翰福音》里他说过“我与父原为一”“我在父里面，父在我里面”“人看见了我，就是看见了父”。尽管如此，《福音书》里耶稣这个角色的确说了不少漂亮话。《马太福音》里的《山上宝训》表明耶稣是个远超他所处时代的好人。有少数学者认为耶稣并不存在，如果当真如此的话，那这个叫耶稣的虚构角色也是个好人。但是，不管《山上宝训》所传达的情愫如何美好，基督教的核心教义都是另一回事。这些核心教义由圣徒保罗布道，而主要也是他搭建起了基督教的架构。

保罗的理论几乎完全定义了今天的基督徒。按照他的说法，人人——你、我、在世上生活过的每个人以及将要出生在世上的每个人——“生而有罪”。我们在第二章中看到，马利亚“无染原罪”，这差不多意味着她可以独立于出生的原罪之外而不被其沾染。保罗一直对于罪过揪着不放。从保罗那儿你会得出这么一个印象：相较自己所创造的无垠宇宙，上帝对居住在小小星球上一个物种所犯的罪过更感兴趣。保罗和早期基督徒们相信：我们都是从亚当那儿继承了罪。亚当，这世上的第一个男人被世上的第一个女人夏娃诱惑，而夏娃又是为一条会说话的蛇所诱惑。我们在第三章里看到，上帝明令禁止吃果子，他们非要去吃，而这就是他们的罪过。亚当、夏娃罪孽深重，以至于上帝气得把他们赶出了伊甸园。而后，上帝还宣布他们及其后代都将终身陷于劳役和痛苦。这样的劳役和痛苦也被认为沿袭到了我们所有人的身上。圣奥古斯丁是基督教历史上最受敬仰的神学家之一，按照他的说法，因为精液带着精子，所以“原罪”就随着精液在男人中间代代相承。

新生儿那么小，什么也干不了，更别说做什么错事了。即便如此，他们一出生就要用弱小的肩膀担负着原罪。似乎保罗和他的拥护者认为罪并不是具体某人时不时干的坏事，它是某种挥之不去的精神属性，黑暗的“罪”玷污了一代又一代的人。我们生而有罪，是要被罚下地狱永远遭受烈火煎熬的。唯一摆脱此命运的办法就是受洗并接受耶稣之死的“救赎”。如同《旧约》里的那些焚身献祭的举动，耶稣之死也是种牺牲。他以此安抚上帝，请求上帝宽恕所有人类的罪孽，特别是亚当在伊甸园里犯下的“原罪”。

现在我们知道了，亚当从来没存在过。任何曾经活在世上的人都有一父一母。沿着祖祖辈辈往上追溯，能追溯到各种猿类和早期的猴子；再接着往上，还能追溯到鱼类、蠕虫和细菌。从来没有哪对夫妇称得上开天辟地——从来没有亚当和夏娃。有人犯下滔天大罪，然后我们都得跟着承担罪名，可这些都是不存在的事情。上帝应该对此很清楚，但是保罗和早期的基督徒们不知道。而且，人们真的曾经相信存在会说话的蛇吗？老实说，恐怕真的如此。因为即便在今天，尤其在美国，依然有很多人相信着，而且信众数量之多让人担心。但是，先把这放一边，我们来看看关于耶稣的“救赎”和“赎罪”的说法：他这么做是为了救赎亚当以来的人类之罪。有一种观点认为耶稣为了我们的罪孽而死，这也算得上是整个基督教的中心思想。他付出了生命的代价，而我们的罪孽得以被宽恕。

“赎罪”的意思是为做错的事付出代价。你可能会好奇：如果上帝想要宽恕我们，他为什么不直接宽恕？但是，他不能这么做。对于上帝这个角色来说，这么做就不够漂亮了，因为总得有人受苦，最好还得是受苦受得痛彻心扉、性命攸关。如在给希伯来人的信中所言：“若不流血，罪就不得赦免了。”（《希伯来书》9：22。）保罗经常用不同的话解释这个道理：“基督……为我们的罪死了。”（《哥林多前书》15：3。）

如前所述（别怪我，我只是引述一下官方的基督教信条），上帝打算宽恕人类之罪，特别是宽恕亚当以来的传代之罪（可是亚当并不存在）。但是上帝不能就这么宽恕了，那样太过简单明了。作为宽恕的代价，有人得主动牺牲。而且人类的罪孽实在太深重了，牺牲还不能是一般的牺牲。要实现这样的牺牲，非得上帝之子耶稣在遭受折磨和剧痛之后死去不可。耶稣降临人间（为什么是降临？），只是为了来饱受皮肉之苦再被钉上十字架而后在极度痛苦中死去。这样，人类就为罪孽付出了代价。鉴于耶稣被认为是上帝的人形，那没有什么比耶稣的血祭更足以还清重压在人类颈项上的“罪”了。

这种观点对你有多大的打击我不知道，但你可能深感其糟糕透顶。在耶稣一步步通往十字架的赴死之路上，全能的上帝本可以在任何时候出手干预，就像他在亚伯拉罕拿以撒献祭的案例中那样。他可以说：“伙计们，都停下吧。好啦，没必要用锤子钉穿我心爱儿子的手掌。不管怎么说，我都宽恕你们了。我们都放松一下，所有的人类之罪都被大赦啦，让我们庆祝一下吧。”

没有。显而易见，似乎这样就可以把问题解决掉，但是对于上帝来说还不够好。如果我要就此写一部话剧，我会给上帝配上这样的台词：

容我再看，我不可就此宽恕他们。他们的罪孽太过深重。夺去三千人的生命可好？金牛犊让我些许不悦时，我亦如此做过。不，就算三千人也不足够，不能是三千条普通的人命。如此大恶，不可因区区杀掉三千布衣就一笔勾销。但是，尔等且听我说，何不将本人之子变作人，让他替全人类受苦受死？是的，我愿称这样的牺牲死得其所。不取任何一位长者的性命，却让人形之神受死！你现在要说了，这便是赎罪之券。那定是巨大的牺牲，足以救赎人类全部的罪恶。亚当之罪也位列其中（哦，我是多么愚蠢。我一直忘记告诉他们：亚当从不存在）。儿啊，上路吧。抱歉，但是已寻不到更好的办法。不，你不可乘坐那烈火战车[①]。我要将你置于妇人的子宫之内。你会出生、长大、接受教育；你会经历青春的焦虑和许许多多的人类之事。否则，你不是一个完全意义上的人，我亦无法真心感觉你代表了全人类，最终替他们在十字架上受刑而拯救他们。还有，不要忘记，这也是我在十字架上受刑。因为，我就是你，你就是我。

这是在开玩笑吗？嗯，没错。太激进了？可能是。有失公允吗？那我真不觉得，也请理解我为什么不愿就此道歉。基督徒对于赎罪的信条可是非常当真的。但是这一信条实在太恶劣了，理应被狠狠嘲笑一番。上帝应该是全能的，他创

① 指的是《旧约》中记载的先知以利亚坐着火战车、乘着旋风升天。

造出扩张的宇宙和渐行渐远的星系，对自然法则、数学规则了然于胸。毕竟，他发明了这一切，甚至也应该比任何一个科学家更了解量子力学和暗物质！因为是他制定的规则。规则的制定者也有权宽恕任何打破规矩的人，只要他喜欢。但是，却有人要我们去信奉这么一套说辞：让自己的儿子（也就是他自己）以人类的名义受尽折磨，然后被钉死在十字架上，居然是上帝所能想到唯一可以说服他自己（是他自己！）去宽恕人类之罪的办法（亚当从不存在也无从犯罪，可人类之罪中“一马当先”的就是亚当之罪）。所以，虽然单纯从数量上来说，《旧约》的恐怖故事要比《新约》的多，但是《新约》的核心思想却让人毛骨悚然，如此也让《新约》很有希望竞争“史上最恐怖故事”的头衔。

门徒犹大出卖了耶稣。他把官兵引到耶稣面前，然后亲了耶稣一口好让官兵认出谁是耶稣。出卖自己党派的政客也被称为“犹大”。人们在加拉帕戈斯群岛曾经发起过一场清除外来山羊的行动，因为这些外来山羊破坏了当地的自然平衡。这项计划招募了被称为“犹大山羊”的母羊。通过事先标记的无线电项圈，“犹大山羊”可以“出卖”待宰羊群的位置[①]。千百年来，犹大的名字代表了出卖的行为，但是，再重复一遍我们在第二章里发出的疑问：这样对于犹大来说公平吗？

---

① 这项实施于2006年的行动被称为“伊萨贝拉计划”（Project Isabella），旨在拯救濒危物种象龟。科学家先捕捉了一批山羊，给它们戴上追踪项圈，然后再放到野外。这些“犹大山羊”很快就会找到羊群，而人们随后赶到，将没有戴项圈的山羊射杀。

上帝的通盘计划就是要让耶稣钉死在十字架上，所以耶稣必须被捕，因而犹大的出卖也是计划成功必不可少的环节。为什么基督徒一直要憎恶犹大和他的名字呢？他只是在上帝的计划中演好自己的角色，好让人类之罪得到救赎啊。

更糟糕的是，因为基督徒把耶稣之死怪罪到犹太人身上，整个犹太民族因此遭受了许多个世纪的迫害。近如 1938 年，庇护十二世在成为教皇的前一年说犹太人“时至今日依然在嘴上诅咒着（基督），心里也对他抵触”。4 年以后，战事正酣，意大利站在希特勒一边。教皇谈到耶路撒冷时又说那里的犹太教会依然带着“死板的盲目无知和顽固的忘恩负义”，这也使得他们沿着“谋杀上帝之罪的道路一直走下去”。不仅仅是天主教徒如此，德国的基督教新教路德宗创始人马丁·路德也鼓吹烧掉犹太会堂和学校。到了 1922 年，路德对犹太人丧心病狂的憎恨有了回音，那就是阿道夫·希特勒：

> 作为基督徒的这种情感给了我指引：救世主我主耶稣就是一个战士。它指引我找到了那个人，那个曾经孤独、曾经只有几个追随者的人。他认清了犹太人的面目，让人们鼓起勇气与犹太人斗争。他无比伟大，不是因为他遭遇的痛苦，而是因为他进行的战斗，这是千真万确的道理！作为基督徒、作为一个人，阅读（《圣经》的）那些段落时，我总是带着无限的热爱。它们让我知道我主是怎样用他的力量最终崛起，是怎样扬鞭把那窝阴险

的毒蛇赶出圣殿。他为世人作战，以清犹太流毒，这是多么了不起啊。两千年后的今天，带着最诚挚的感情，我比以往任何时候都更强烈地意识到：这就是他必须血洒十字架的原因。作为基督徒，我没有义务让自己上当受骗，但我有责任为了真理与正义而战……如果有什么可以证明我们行动的正义性，那就是现在与日俱增的苦难。作为基督徒，我也应为我的人民尽义务。[①]

对了，看到希特勒说信基督，你可别太当真。不管希特勒还有别的什么能耐，反正信口雌黄绝对算一个。在这场演讲里他可能说自己信基督，但在他所谓的“桌边谈话”[②]里，他又时常带着反基督的立场。尽管如此，他从来不是一个无神论者，因为家庭背景和成长环境，他从未与罗马天主教断绝过关系。尽管他算不上诚心的基督徒，可他的演讲还是在德国的普罗大众中间赢得了市场。罗马天主教和新教路德宗对犹太人的憎恨已经延续了许多个世纪，而这种憎恨早就让德国老百姓为希特勒的出现做好了准备。和欧洲其他地方一样，一切的肇始都是犹太人该为耶稣之死负责的传说。

罗马总督本丢·彼拉多最终下令处死耶稣，但是他要来水当众清洗双手以示清白。犹太人大喊：“他的血归到我们和我们的子孙身上。”（《马太福音》27：25。）自此，责任就归

① 此段摘自 1922 年 4 月 12 日希特勒发表于慕尼黑的一篇演讲。
② 指的是希特勒 1941—1944 年在他的元首总部发表的一系列讲话。

到他们的头上了。古往今来，犹太人所遭受的残酷迫害大多都可以归因至此。然而——我还需要再重复一遍吗？——耶稣被送上十字架是上帝计划的关键所在。有人声称犹太人要对耶稣之死负责，但这是上帝的愿望，是无论如何都会发生的。而且，“他的血归到我们和我们的子孙身上”，你不觉得这种话听上去不像是有人会说的吗？你就不怀疑这句是后人带着偏见给加进去的吗？

在这一章里，我从头到尾都在一遍一遍地说《圣经》里的故事大概率不是真的。如同我们在第二章里看到的那样，在书中描述的事情发生很久以后，《圣经》里一卷卷的书才最终成文。就算有目击证人，等书写成的时候也基本上都不在人世了。但这并不影响这一章的主要观点。不管是犹太教、基督教还是伊斯兰教的宗教领袖，他们都会告诉我们应该爱戴并追随上帝（或真主）。但是，不管上帝这个角色是不是虚构的，我们都有权选择要不要真的这样做。那你的选择又是什么呢？

第五章

我们想当好人非得要上帝吗？

2016 年，美国大选战况异常激烈。民主党要在两名领先的候选人中做出选择：伯尼·桑德斯和希拉里·克林顿。党派里的一名高官布拉德·马歇尔想要希拉里上台。他觉得自己找到了让桑德斯身败名裂的法子——他怀疑桑德斯是个无神论者（就好像这是什么错误似的）。在希拉里本人并不知情的情况下，马歇尔写信给其他两名民主党高官，暗示应该让桑德斯在公开场合表明自己的宗教信仰。此前被问到这个问题时，桑德斯曾说自己是"犹太后裔"（Jewish heritage），但他真的信奉上帝吗？对此，布拉德·马歇尔写道：

我觉得他是个无神论者……这在我的人（peep）当中可能会带来几个百分点的差别。我在美南浸信会

(Southern Baptist)[1]的那些人可搞得清犹太人和无神论者的区别。[2]

"Peep"就是"people"(人)的意思，指的是肯塔基州和西弗吉尼亚州的选民。"几个百分点的差别"说的是在这两个州对选举造成的重大影响。比起无神论者，他相信基督徒会更愿意投票给信任意宗教的候选人(很不幸，他对此还挺胸有成竹的)，哪怕这人信的教和自己不一样。这里说的就是犹太教。他觉得任何"对于更高等级力量的信仰"都会有人买账，即便这种"更高等级力量"和自己信仰的并非一致。民调结果一次次地证明这种情况：有些选民或多或少对投票给天主教徒、穆斯林或者犹太教徒有些迟疑，但比起无神论者，选民还是会更倾向于投票给他们，哪怕这个无神论者怎么看都足以担当大任，他也会被压在候选人名单的最底下。虽然这么做谈不上光彩，但是布拉德·马歇尔因不喜欢某个候选人而想要曝光其疑似无神论的立场一点儿也不奇怪。

美利坚合众国宪法有云："不得以宗教信仰作为担任合众国任何官职或公职的必要资格。"当然，马歇尔不是要用法令禁止无神论者参选总统，因为那样就真的是违宪了。选民私下投票时会注意到候选人的宗教信仰。当然这没人不允许，

① 美国最大的基督教新教派别，成立于1814年，总部位于田纳西州纳什维尔。
② 布拉德·马歇尔时任美国民主党全国委员会首席财务官，他与希拉里的这封电邮通信在维基解密公开的"邮件门"事件中被曝光。

但是，马歇尔明目张胆地诉诸选举歧视那就有违宪法精神了。无神论缺的不过是对超自然之物的信仰，就像不信会飞的茶碟或者仙子一样。政客需要拍板的是经济政策、外交事务、卫生和社会福利以及法律问题，凭什么认为超自然信仰会让从政的人做出更好的选择?

很遗憾，我不得不说：很多人可能觉得你得去信个什么神或者“更高等级力量”才行，不然的话，你不可能成为一个有道德感的好人；或者说，如果没了对更高等级力量的信仰，你对是非善恶、道德与否的认知便成了无本之木。这一章关注的都是关于“道德感”和“道德准则”的问题：“善”作为“恶”的对立面意味着什么？要想成为好人，我们是否需要上帝或者其他的什么神又或者“更高等级力量”呢?

所以，为什么有人会觉得想当好人需要有上帝才行呢？我想不外乎两个理由，而这两个理由都挺糟糕的。一个理由是：《圣经》《古兰经》或者其他的宗教圣书告诉我们如何向善。没了这写满了规则的经典，我们将无从知晓孰对孰错。上一章里，我们谈到了“至善之书”，这一章我们回来看看是否应该遵循它。另一个可能的理由是大家把人类看得太过卑微。人们认为：只有在被别人盯着的时候，我们才会去做好事。政客也不例外，而这里的“别人”要是没人来当，就需要上帝了。这个“空中警察”（the Great Policeman in the Sky）理论或许可以稍微更新一下，叫“空中偷拍机”（或者“空中监控仪”）好了。

不幸的是，这里面可能真有些事实的成分。所有国家都觉得有必要配备警察。要是知道自己被警察盯上了，犯罪分子为非作歹的可能性就会小一些。现如今，我们的街上和店里都装上了摄像头，手脚不干净，比如在店里顺个东西的人常常会被逮个正着。要是知道店里有摄像头监视着他们，这些顺手牵羊之徒就算有贼心，也不大可能会去以身试法。所以假如有这样一个罪犯，他相信上帝日复一日时时刻刻地看着他的一举一动，他会如何行事？不少信教的人还会觉得上帝可以读懂你的思想。当某人蠢蠢欲动、要做坏事之时，上帝都可以提前知道。所以，比起一个无神论者，畏惧上帝之人更不可能做坏事，同理，畏惧上帝的政客也是。为什么人们这么觉得呢？看到这儿你大概可以理解几分了：因为他们觉得无神论者用不着害怕“空中监控仪”。按此逻辑，无神论者需要害怕的只剩下实打实的镜头和现实中的警察了。也许你听过这句玩世不恭的俏皮话：“能知道有人在看你，那就是有良心了。”

为什么被人盯着的时候就选择当好人呢？这原因并不复杂。因为这种习惯已经深深根植于我们的大脑当中。我的同行梅丽莎·贝特森（Melissa Bateson）教授（她在牛津大学读本科时曾是我的学生）做过一个了不起的实验。在她任教的纽卡斯尔大学自然科学系，贝特森教授留了一个叫“诚实箱”（honesty box）的东西，人们自取每日所需的咖啡、茶、牛奶和糖后，要将钱投入诚实箱。无人在现场收钱卖货，全凭墙上的价目表自助购物，把钱投进那个箱子里。不难想见有人看着的时候大家都会很老实，但如果你是独自一人呢？要是知道没人看着你，你还会一样把钱投进箱子里吗？我确信你会的，但不是人人都会这样毫不含糊。而这也让这项实验有了可能性。

每周，贝特森都会在咖啡屋里放一张价目表。价目表上方每周都会装饰有不同的图案。有时候图案是花。不一定总是一样的花，但是总归都是花。另外几个星期画的是一双眼睛。每次眼睛的样子也都不尽相同。吸引人的结果来了：在价目表上画着一双眼睛的那几个星期里，大家会更老实。比起作为控制组的只有花“看着”顾客的几个星期，这几个星期“诚实箱”的收获差不多要多上两倍。这难道不奇怪吗？如果那双眼睛真是偷拍相机，有这样的结果还算好说。但是来喝咖啡的人非常清楚那双“眼睛”只是纸上的墨水啊。花看不见发生了什么，而这一双双眼睛也同样无能为力。这种推测并非基于理性思维：“我被人看着呢，所以最好老实点儿。”这只能用非理性思维来解释。就好像我站在纽约摩天大楼的顶楼往下看，知道自己不会掉下去，甚至知道自己站在厚厚的安全玻璃后面，但还是会吓得脊背发凉、全身起鸡皮疙瘩。这就是非理性思维。在这个例子里，非理性思维发挥作用可能是基因遗传造成的。在祖先们生活的那个年代，人们爬上了高树就得知道有跌落的危险，于是这种观念通过基因遗传植入我们的大脑。可能你也不用对自己说：“上帝的双眼正在看着我，我最好别做坏事。”因为或许这就是一种自发的潜意识带来的效果。这就像贝特森在纸上画的眼睛所起的效果一样。（对了，以防你对此有怀疑，我要声明她的实验有大量的数据支撑。这也表明实验的结果不大可能是基于偶然。）

如果有人真心实意地相信上帝盯着自己的一举一动，他或许更有可能做个好人。不幸的是，不管是不是非理性思维的结果，这一点似乎有些道理。我得说我很讨厌现实如此。我宁愿相信人类能做的比这更好。而且，不管有没有人看着，反正我都会一样地诚实。

可要是害怕上帝的理由不仅仅是怕惹到他呢？如果这是出于某些更糟糕甚至糟糕得多的原因呢？一直以来，基督徒和穆斯林都被教育同一件事：有罪之人死后会在地狱里受永世折磨。《启示录》说那是“硫黄的火湖”①。据说先知穆罕默德曾说过：最轻微的惩罚便是将还在闷燃的余火置于他的脚下，“他的脑浆因之沸腾”②。对于那些不愿信其教导的人，《古兰经》（4：56）里这样说：“每当他们的皮肤烧焦的时候，我另换一套皮肤给他们，以便他们尝试刑罚。”③根据很多布道者的说法，你根本犯不着做什么坏事才会被丢进地狱之火，单是做一个不信教的人就够上刑啦！有些伟大画家彼此较劲，

① 《新约·启示录》20：10。

② 出自《布哈里圣训实录》。

③ 本书《古兰经》译文均出自我国现代伊斯兰学者马坚的译本。

只为创作出更可怕的地狱图景。但丁的《神曲·地狱篇》是意大利语文学中最著名的作品，它通篇讲的是地狱。

你小时候被地狱之火吓唬过吗？你那会儿真的相信吓唬你的东西吗？你当时害怕吗？如果这些问题的答案都是否定的，那你真是个幸运儿。不幸的是，很多人到死都相信这些威胁。这让他们的一生都很凄惨，临终前的日子尤其是。

对于威胁要被惩罚这件事情，我有自己的理论。有的威胁有道理。比如说，你如果因为偷东西被判有罪，那你大概会去坐牢。但也有些威胁非常没道理。比方说，你要是不信上帝，那你死后就永远在火湖里待着吧。我的理论就是：这威胁的话越是有道理，它就越是没必要搞得很吓人。关于死后惩罚的威胁还远着呢，所以需要一个十足恐怖的惩罚条件来弥补——火湖。活着的时候遭受惩罚更合理，因为真有监狱这个地方。这样的话也就没必要再牵扯什么骇人听闻的酷刑，比如皮肤烧焦了再换一套皮肤接着烧什么的。

有些人拿死后永远被火烧这种事情吓唬孩子，你有什么看法？对于这类问题，在本书里我通常不会给出答案。但是在这里我忍不住破个例。我要说这种人应该庆幸地狱那样的地方并不存在，不然我想不出还有谁比他们更适合下地狱的了。

有了地狱这般恐怖的存在，宗教究竟是让人变得更好了还是更坏了似乎变得不再明晰。有些研究表明信教的人对于慈善事业出手更加大方。很多人以“十一奉献”（捐出自己收入的十分之一）的形式向教会捐款。教会常会把其中的一些钱花到值得做慈善的地方，比如救济饥民，在发生地震这种可怕灾难之际用于危机善后。教会筹集的不少资金都被用于传教事务，可教会依然称之为慈善捐赠。但是和诸如饥荒赈灾、救助地震后无家可归者相比，这种慈善能有一样的意义吗？捐款用于教育似乎是个好事，但是如果教的全部是怎么背下《古兰经》呢？或者是传教士团教孩子如何忘掉自己的部落传统转而学习《圣经》呢？

不信教的人也可以一样慷慨大方。世界上慈善捐款最多的三个人——比尔·盖茨、沃伦·巴菲特和乔治·索罗斯都不信教。2010 年，可怕的地震让本已很贫穷的岛国海地遭受重创。当地生灵涂炭，灾情触目惊心。全世界的人们不管信教与否都聚集起来出钱出力。我自己的慈善基金会——理查德·道金斯理性与科学基金会迅速着手创立了一个特别的慈善项目，叫作“非信教者捐助机构”（Non-Believers Giving Aid，缩写 NBGA）。我们招募了几十个非宗教、秉持世俗主义和持上帝怀疑论观点的机构团体，一起向无神论者、怀疑论者以及其他非信教人士筹集善款。数以千计不信教的个人也纷纷响应。短短三天时间，NBGA 筹款达到了 30 万美元。每一分钱都被送到了海地，后面的几个星期还陆陆续续送去了更多善款。当然，与此同时，宗教慈善团体也在募捐，很多善良人士也去了海地伸出援手。我讲 NBGA 的故事不是要吹嘘不信教的人比信教人士更慷慨大方，实际上我认为在危机来临之时，全世界各地大多数人都会有仁爱慷慨之心，信不信教皆如此。

“空中监控仪”理论会让人有点儿沮丧，但却有几分道理。或许它真的可以抑制犯罪？你可能会想：如果真的是这样，蹲监狱的人里面应该不信教的人比例颇高。这里有一组2013年7月的数据。这组数据显示的是美国联邦监狱服刑者自述宗教信仰的分布。这些罪犯中，28%是新教徒，24%是天主教徒，5%是穆斯林，剩下大多数人信的是佛教、印度教、犹太教、美洲原住民信仰，或者“未知”。无神论者的数据呢？仅仅是0.07%。在这些已定罪的犯人里，基督徒的概率是无神论者的750倍。当然，我们在这谈的数字里的那些人都是“说”自己是基督徒或是无神论者，谁知道还有多少数字藏在“未知”里面？有一点很重要，那就是美国基督徒的人口比无神论者的人数要多，但没有多出750倍。而且，因为宣称自己信教可以提早获得释放，这里面基督徒的人数可能也或多或少掺了水。还有人觉得这份收集自监狱的数据只是偶然与宗教搭上了边，甚至可能不具有相关性。教育程度不高的人更容易坐牢，而教育程度不高的人更不可能是无神论者。但是，不管你怎么看，对“空中监控仪”这个理论来说，这组数据的出现都不是什么好消息。

就算这个理论有某些事实成分，也绝不是可以用来相信上帝存在的上佳理由。对任何事情而言，如果要信其为真，唯一的上佳理由就是证据。“空中监控仪”的理论大概（就是说不是很靠谱喽？）属于那种可以用来指望“别人”去相信上帝的理由，可能会让犯罪率下降。比起真的安装探头或者花钱增派警力巡逻，这招省钱不少。我不知道你怎么想，反正我觉得这就是一种高高在上的架势：“当然啦，你我这么聪明自然是不会去相信上帝。但是，让‘别人’都去信上帝这个主意不错哦！”我研究哲学的朋友丹尼尔·丹尼特（Daniel Dennett）称之为“相信信仰”（belief in belief）：不是自己信仰上帝，而是相信信仰上帝这种行为是件好事。曾有人质询时任以色列总理的梅厄夫人（Golda Meir），问她是不是相信上帝。她回答说：“我相信犹太人民，而犹太人民相信上帝。”

关于“空中监控仪”，我就说这么多。人们有可能会觉得给信教的政客投票要好过投给无神论者。现在让我回过头来看看造成这种状况的另一个原因。这个原因跟前面一个不大一样。有人觉得宗教是个好东西，因为《圣经》将行为规范告诉了我们。照此理论，没了这规则手册，我们就会漂浮在充满不确定感的汪洋之上。而且，《圣经》还旨在给我们树立善良的“道德模范”。为众人所钦佩的上帝或者耶稣都是我们应该学习的榜样。

但不是所有的信徒追随的都是《圣经》。有些人用的完全是另一本宗教圣书，有些人压根就没有这样的经典。这里我只谈论犹太教和基督教的《圣经》，因为这是我唯一了如指掌的宗教圣书了。不过对于《古兰经》我可能同样说得不少。你觉得这样的经典是指导人向善的上佳指南？你觉得《圣经》

里的上帝是个善良的模范角色？如果你这么觉得，你或许愿意再回去看一眼第四章。

《十诫》常被奉为教人从善的指南。在美国的不同州里，关于《十诫》的激烈争论已经水火不容。这种情况在所谓的“圣经地带”（Bible Belt）[①] 尤甚。一方面，基督教政客们想把《十诫》放在诸如法院这样的州办公大楼外墙上；另一方面，美国宪法第一修正案明确表示：

> 国会不得制定关于下列事项的法律：确立国教或禁止信教自由。

你不觉得这说得很明确了吗？它不是在说禁止信教。你高兴的话，爱信什么教就信什么教，爱怎么信就怎么信。美国宪法禁止的仅仅是确立官方国教。在家里把《十诫》挂起来那是人们的自由，而美国宪法确保了这样的个人自由。但是把它置于州法院这样的“公共”墙体上，这样符合宪法吗？很多法律专家觉得不合法。

先把法律问题放一边。我们来看看《十诫》本身，说说有什么想法——它究竟是不是有指导人从善弃恶的价值？《圣经》里的《十诫》有两个版本，一处在《出埃及记》，一处在《申命记》。这两个版本基本上差不多，但是在犹太教、

---

① 指的是保守的基督教福音派在社会文化中占主导地位的地区。在美国特别指的是美南浸信会主导的南部各州。

罗马天主教和路德宗等不同的宗教传统里，它们的编号稍有不同。还有一点不同：摩西因为金牛犊的事情怒不可遏，一气之下把刻着《十诫》的石板摔坏了，所以上帝后来又给了他一套。不过《出埃及记》的第 20 章里[①]还有另一个版本。在这个版本里，摩西没有摔石板。而在宣布《十诫》的时候，上帝也好好来了一出戏剧化的表演。他把所有人召集到西奈山脚下，然后伴着雷电交加、号角阵阵方才登场。我在《十诫》里的每一条后面都加上了评论。你很可能也想评论几句。

我是耶和华你的神，曾将你从埃及地为奴之家领出来。

虽然这听上去更像个声明而不是诫条，但对于犹太教来说，这就是第一诫了。而对于基督徒来说，这是第一诫前面的开场白。

第一诫：除了我以外，你不可有别的神。

我们在第四章里也看到了，上帝自己也经常说自己是个“忌邪的神”。

在《旧约》里，上帝这个角色和其他神较劲。他已经纠

① 实际上，下面提到的这些内容出现在《出埃及记》第 19 章的最后，而关于《十诫》的内容在第 20 章的开头。

结到了病态的地步。他对其他神恨到了极点，也时刻害怕自己的子民可能会被蛊惑去信了别的神。从耶稣的时代开始，这样对神界对手的憎恶感就挥之不去地绵延了好多个世纪。君士坦丁大帝时代基督教成为罗马人的官方信仰。在那之后，早期的基督教狂热分子便在罗马帝国全境大肆破坏。他们觉得是偶像崇拜的东西就砸个粉碎，而这些东西在我们今天看来都是无价的艺术品[①]。帕尔米拉（Palmyra，在今天的叙利亚）古城里雅典娜女神的巨大雕像就是一个例子。广受尊敬的圣奥古斯丁就是搞破坏最起劲的人之一。早期基督徒破坏其他神像的时候疯狂而决绝。放在今天，他们就跟“伊斯兰国”和基地组织这样的恐怖组织差不多。

> 第二诫：不可为自己雕刻偶像；也不可作什么形像，仿佛上天、下地和地底下水中的百物。

这又是关于上帝如何妒忌其他神界竞争对手的。附近部族的神很多都被做成了雕像。《圣经》里，接下来的一节直言不讳。

> 不可跪拜那些像；也不可事奉他，因为我耶和华你的神，是忌邪的神。恨我的，我必追讨他的罪，自父及

① 这些可怕的事情记录在凯瑟琳·尼克西的《变暗的时代》（*The Darkening Age*，Macmillan，2018）一书中。——作者注

子，直到三四代；

看了最后一句你怎么想？上帝太爱嫉妒啦。要是你去拜了别的神，他要惩罚的不仅仅是你，还得带上你的孩子、你的孙子、你的重孙子。甚至你去拜的时候他们还没出生呢。无辜的重孙子们真是可怜。

第三诫：不可妄称耶和华你神的名；因为妄称耶和华名的，耶和华必不以他为无罪。

这意思是你绝对不能把上帝的名字用在赌咒的话里。像是“天杀的！”（God damn it！）或者是“天杀的，你别这么蠢了！”你能看出来为什么上帝可能不喜欢这样，但似乎也不是严重的罪行，对吧？实在不值得挂在法院的墙上。不过是“汝等不可咒骂”，而且，在大多数国家也没这种法律规定。

第四诫：当记念安息日，守为圣日。

上帝把这一条看得很重要。在《民数记》的第 15 章，以色列人逮着一个人在安息日捡柴火。捡柴火而已！你可能觉得是个很小的罪过。但是当摩西问上帝应该如何处置他的时候，上帝想的可不是小事化了。

耶和华吩咐摩西说："总要把那人治死，全会众要在营外用石头把他打死。"

这审判也太严苛了吧，你不觉得吗？我不知道你怎么想，在我看来乱石投死是非常可怕的一种处决手段。不仅仅因为这样很痛苦，还在于其他非常难看的场面：整个营地或者全村的人合伙处置一名受害者。这就跟在操场上霸凌一样。在一些伊斯兰国家仍然有人这么干，特别是针对被逮着正在和男人说话的女子，而这男的又不是她丈夫（一些严守教义的穆斯林当真认为这是犯罪）。

基督教国家已经不再采用石刑。有人还会不怀好意，说什么基督徒已经对自己的宗教圣书不忠了，而投石的穆斯林则是对他们的圣书忠贞不渝。但是，你会觉得这第四诫已经重要到要挂到法院的墙上了吗？就好像它是该州法律的一部分？

下面的几节经文打算给第四诫正名。它们指出上帝花了六天创造宇宙和其中的所有万物之后，他自己在第七天是要休息的。

六日要劳碌作你一切的工，但第七日是向耶和华你神当守的安息日。这一日你和你的儿女、仆婢、牲畜，并你城里寄居的客旅，无论何工都不可作，因为六日之内，耶和华造天、地、海和其中的万物，第七日便安息，所以耶和华赐福与安息日，定为圣日。[1]

这是神学里典型的说理方式“类比”——用“象征手法”解释原因：很久很久以前就是这样发生过，所以这足以证明现在也是这么回事。事实上，这当然不是第一次发生了，因为宇宙本就不是六天之内创造出来的。难不成还有谁数过吗？

第五诫：当孝敬父母，使你的日子在耶和华你神所赐你的地上得以长久。

这条很好。孝敬父母是好事。他们带你来到这个世上，把你喂饱，好生照顾你，供你上学，等等。

第六诫：不可杀人。

《钦定版圣经》里的这句话（原文为“Thou shalt not kill”）实在是太耳熟能详了。我们应该都会同意这条说得没错。或许也是出于这个原因，很多说自己尊崇《十诫》的人其实只能记住这一条。要是把这一条钉在法院的墙上似乎不太会遭到反对，毕竟谋杀在所有国家都为法律所不容。可实

① 《旧约·出埃及记》20：9—11。

际上这第六诫似乎也太显而易见了。你能想象这么一番景象吗？摩西从山上拿着石板下来，人们读到这条之后说："哦！不可杀人！天哪，我们从来没想到这点！了不得！不可杀人。啧啧啧，好的，我会记住的。从今往后再不杀人了。"

尽管这条似乎很明显，但是打起仗来第六诫可就要被大规模违反了，而且就算违反了也会得到神职人员的赐福。我们前面已经在《圣经》的记载中看到了以色列人是怎么违反的了。为了他们的生存空间，他们与早已在应许之地生活的倒霉民族开战。而他们这么做是因为直接听了上帝的明确指令。第一次世界大战期间，英国士兵被下令去杀德国士兵。德国军人也得到了差不多的命令，然后也杀向敌人。两边都觉得是上帝鼓励自己这么干的。诗人斯奎尔也由此得到灵感写下了这样的句子：

各国打得不可开交，上帝听见又唱又叫：
"天罚英国""天佑英王"①
这个老天，那个老天，事事都得上帝忙
上帝说道："老天行行好，让我撇清关系就此了。"

一边是上帝那头明明白白来赐福，一边是上峰三令五申去杀戮。千百年来，士兵的处境都是这样。

---

① 天罚英国（Gott strafe England）是一句德语，为"一战"期间德国和奥匈帝国士兵常喊的口号。天佑英王（God save the King）则是英国国歌的名字。

在美国尚有死刑的那些州，嫌疑人被起诉之后要受审。审判要持续几个星期或是几个月。控方律师要让陪审团相信嫌疑人的罪行已经“超过了合理怀疑”。然后再来若干次上诉，死刑才会被宣判。沉重的死刑执行令得有州长签字。州长履行这项职责时通常还会好好考虑一下。到了行刑日的早晨，还有一项可怕的仪式——要根据罪犯的喜好烹调最后的早餐。但是，当英国兵在战场上夺走德国兵性命的时候，并不觉得对方犯了什么罪。德国兵没有在法庭上受审，没有被正式宣判死刑，没有律师可以请，也没有上诉的权利。他甚至可能不是自愿参军，而是违心地被征召入伍的。然后，我们就下令射杀了他。到了第二次世界大战的时候，双方的轰炸机都夺走了成千上万的平民生命。执行者都是得到命令的，这些死去的百姓也从未经过审判。不可杀人怎么讲？

在英国，如果你宣称自己是“因良知反对杀人者”，那你可以免除兵役，但是你得去裁判所。你得在那儿阐明自己反对杀人的合理性，而要让庭上信服这点可不简单。想要获准不去打仗，有种简单的办法，那就是父母来自像贵格会[①]这样的和平主义教派。但如果是你自己想出来说自己反对杀人，那就算你写了一篇关于杀人的非道德性的博士论文也没用。你还是得去说服裁判所，好被允许不用参军。如果你成功了，

---

① 兴起于17世纪中期英国和美洲殖民地的一种宗教。具有神秘主义色彩，并没有成文的信经，而是依靠圣灵的指示。也有人将之归为基督教的一个派别。该教会在美国废奴运动中发挥过重要作用。

没准作为替代你可以去开救护车。我大概没这本事了。但要是我参军的话，我会偷偷把子弹射偏。

第六诫的本意是说“不可杀本部族的同胞”。（当然，除非有人在安息日拾柴火，或者犯了什么其他不可饶恕的罪行！）我们很清楚这点，因为上帝曾经下令让他的子民杀掉其他部族的人。杀人的时候放纵无比、乐在其中。

第七诫：不可奸淫。

听起来足够开门见山了。如果你们两人当中有谁已经和别人结了婚的话，你们就不要行苟且之事了。但是你可能会想到有些被放宽的情况。比如有人长期陷入破碎不幸的婚姻，此时又深爱上了别人。我们后面会看到，有人觉得道德规范需要绝对服从，任何情况下都不能违反；也有人觉得可以根据具体情况放宽。但不管怎么说，很多人还是会觉得个人感情经历属于私生活范畴，而不该在州法院为此竖个诫条，不然搞得这像是此州的法律一样。

第八诫：不可偷盗。

和“不可杀人”一样，应该没谁会反对把这条挂在法院的墙上。跟谋杀一样，不管在哪个国家偷窃都是违法的。

第九诫：不可作假见证陷害人。

完全赞同。不要做假见证陷害人，也就是别造别人的谣。不管是不是针对你的邻居都应该如此[①]。同样，这是证人做证的法律基础。特别是他们还要宣誓说“说真话，全部真话，只说真话”。

第十诫：不可贪恋人的房屋；也不可贪恋人的妻子、仆婢、牛驴，并他一切所有的。

“贪恋”（covet）某种程度上就是“嫉妒”（envy）的过时说法，但是在嫉妒或人或物的基础上，“贪恋”又增添了几分试图占有他们的意味。如果有人比你走运很多的话，想要不嫉妒是很难的。但是，如果你没有真的跑过去夺走贪恋之物，那这肯定不算是一个法律问题。而且就算真夺走了贪恋之物，一些政治革命也会将之合理化——一些人认为国家可以正当获取私人财产然后供全民享用。我并非共产主义者或是无政府主义者，但也许你能看得出他们的出发点是什么对吧？另外一些人称自己为自由主义者，他们走向了另一个极端。他们甚至认为税收就是某种形式的盗窃，因为税收劫富济贫。劫富济贫正是传奇的弓箭手罗宾汉做的事情，他的浪漫主义

① 此诫在《钦定版圣经》中的原文为“Thou shalt not bear false witness against thy neighbour”，但和合本中并无“邻居”一词的直译。

也对一些民众有着吸引力。晚近的年代里也有罗宾汉式的人物，比如美国狂野西部的杰西·詹姆斯和爱尔兰拦路大盗威利·布伦南。

顺便说一句，第十诫里面提到了妻子和奴婢，而且是跟房子和牛这些其他所有物放在一起说的。这种女人是男人财产的观点你怎么看？女人是男人所有物的一分子？他拥有的一件“东西”？我觉得这种想法实在是糟透了，但是它长久以来已经在很多文化里留下了深深的烙印。时至今日，我们仍然在巴基斯坦、沙特阿拉伯等国见到它的踪影。你可能听过一种说法：“这是他们文化的一部分。”意思就是说我们必须予以尊重。就在我写本书的时候，沙特阿拉伯才刚刚通过法律允许女人开车。结过婚的女人没有丈夫允许仍然不得在银行开户。没有丈夫或者其他男性亲属的陪伴，女人不得走出家门，而这位男性亲属可以是个小男孩。想象这样一个场景：一位成年女性，可能还受过高等教育，想要出门还得得到 8 岁儿子的同意，后者还得跟着妈妈作为她的男性“保护者”。

可以想见，如果把《十诫》钉在美国法院的墙上，多少女性会对其进行声讨。最起码我们也应该出于公平与时俱进地加上：“不可贪恋人的丈夫、捷豹汽车、博士学位。”

当然，《十诫》已经过时了。责怪几千年前写的《圣经》并不公平，那时候女人的确是男人的所有物，而男人最值钱的财产就是成群的奴隶了。当然我们已经从那个糟糕的旧时代走过来了，但这不正是我们在这里说的道理吗？是的，我

图1）宗教是怎么起源的？有些宗教的历史不长，我们也确实可以看清它们是怎么发展起来的。在南太平洋的塔纳岛，自英国菲利普亲王近 50 年前访问该地之后，他就被当地人尊为神。同样历史不长的宗教还有好几个太平洋小岛上的货物崇拜。连新兴宗教都可以在我们的有生之年就这样突然出现并迅速发展，那么可想而知，从世界主要宗教诞生之日起，过去了那么多个世纪，那些传奇故事在发展的过程中究竟可以走样到什么地步。（见第三章）

（上图，图 2）它们的身上写满了“速度”二字。猎豹抓瞪羚，瞪羚要逃跑，这真的是上帝的设计吗？（见第七章

（下图，图 3）变色龙的舌头就是姿态优美的天然鱼叉。注意这条管状舌头里的舌骨。“鱼叉”之所以可以爆出惊人的速度，是因为舌骨起了关键作用。真是美妙的“设计”。但它真的是设计吗？（见第七章）

你看得见章鱼吗？（上左，图4）看不见，对吧？摄影师也看不见。但它突然就显形了，像幽灵一样煞白。（上右，图5）雄性鱿鱼（左图，图6）怎样才能用白色吓跑情敌，同时用红色让雌性鱿鱼安心呢？很简单，同时变出两种颜色。偏口鱼（下图，图7）是上帝设计出来的吗？更可能是毕加索设计出来的！实际上，这种古怪的头部扭曲都得托进化历史的福。可没有造物主用这个法子创造比目鱼。（见第七章）

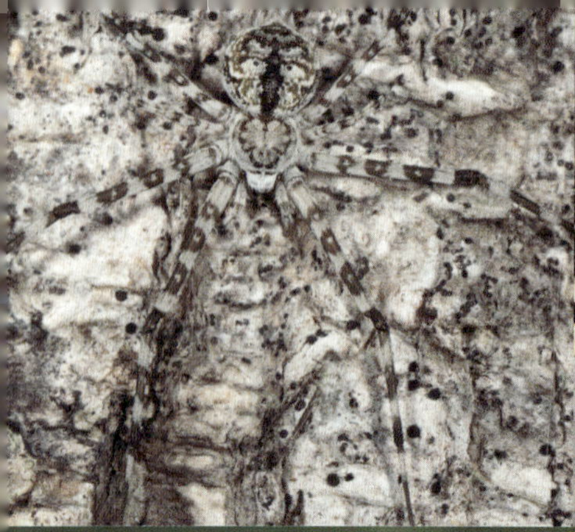

（图 8）自然选择造就的伪装术。伪装术的每个细节都被捕食者敏锐的双眼锻炼得出神入化。你可以看出为什么人们会倾向于把这一切归于上帝之手。（见第七章）

（图 9）来看看选择有什么能耐。如果人工选择可以在区区 3000 年内把野菜花变成抱子甘蓝、白菜花、卷心菜和罗马花椰菜（更不用说西蓝花、羽衣甘蓝、球茎甘蓝等等），那你想想自然选择在 3 亿年的时间里能干些什么，3 亿年前我们的祖先还是鱼。（见第八章）

（图 10）两种建筑。圣家堂（右）的每一个细节都是由一位伟大的建筑师设计的。白蚁的城堡（左）却不是设计的。它来自白蚁自己、白蚁的 DNA，上帝没有参与它的设计。图片由菲奥娜·斯图尔特在澳大利亚拍摄。（见第十章）

这些椋鸟（上图，图 11）的协调是如此的完美，很难相信并没有大师级的编舞在进行指导。整个鸟群看上去就像是单一的有机体，一个在空中飞翔的巨型阿米巴原虫，但这里面真的没有编舞。计算机模拟程序（下图，图 12）展示了这种形态如何实现。（见第十章）

（图 13）这张照片玩儿了个把戏。图的上半部分是真实的照片，反映的是真实的银河。图的下半部分是计算机模拟出来的。“揭示计划”模拟的是大爆炸之后（仅仅 30 万年之后）宇宙的演变状况。你能看得出区别吗？（见第十二章）

们已经走过来了。这恰恰是我们的道德评价、是非观念和行为规范不能再以《圣经》为标准的原因。事实上，我们已经不再以《圣经》为标准了，不然的话我们还会因为有人在安息日干活或是信了不该信的神而将之乱石打死。

有人可能又要说了："但那只是《旧约》啊。那我们的道德标准就从《新约》里找吧。"没错，这可能是个更好的主意。《新约》里耶稣说的不少话都不错，比如《山上宝训》。当然，《山上宝训》和《旧约》里的任何内容都不同。但我们怎么知道《圣经》里的说辞孰好孰坏？我们又怎么决定信哪个？如何抉择只能基于《圣经》之外的办法了。除非你发明一条规则说"后面的章节可以取代前面的"，否则这些说辞就得是个循环论证的过程。

但《圣经》从头到尾可没哪个地方写着："忘了《旧约》吧，只用读《新约》就好，然后你就知晓如何区分对错。"耶稣可能说过这种话。但实际上，在《马太福音》（5：17）中，他恰恰说了相反的话：

> 莫想我来要废掉律法和先知；我来不是要废掉，乃是要成全。我实在告诉你们，就是到天地都废去了，律法的一点一画也不能废去，都要成全。

还有《路加福音》（16：17）：

天地废去较比律法的一点一画落空还容易。

耶稣是犹太人，对他来说，“律法”指的就是《旧约》里一些篇章。耶稣似乎对《旧约》的看法很不错。在《马太福音》(7：12）里，他又提出了一条挺好的行为准则——想要别人怎么对待你，你就怎么去对待别人。在今天看来这真是条黄金法则。耶稣还接着说这就是《旧约》的中心思想：

所以，无论何事，你们愿意人怎样待你们，你们也要怎样待人，因为这就是律法和先知的道理。

确实，在《旧约》里，你能找到一些听上去像是黄金法则的话。(在埃及、印度、中国和希腊那些年代更早的文本里，你还会找到更为精妙的至理名言。)

不可报仇，也不可埋怨你本国的子民，却要爱人如己。我是耶和华。(《旧约·利未记》19：18）

但如果这是《旧约》的主旨，那就是大大的言过其实了。我们在第四章里也看到了，上帝自己就是积怨达人，《旧约》里宣扬复仇的章节也是随处可见：

人若使他邻舍的身体有残疾，他怎样行，也要照样

向他行。以伤还伤，以眼还眼，以牙还牙。他怎样叫人的身体有残疾，也要照样向他行。(《旧约 · 利未记》24：19—20)

对了，这又是从巴比伦直接搬过来的，原句出自《汉穆拉比法典》。汉穆拉比是著名的巴比伦国王，他的法律大全大约在《旧约》之前 1 000 年就成文了。

这里还有出自《圣经 · 申命记》的一节：

你眼不可顾惜，要以命偿命，以眼还眼，以牙还牙，以手还手，以脚还脚。(《旧约 · 申命记》19：21)

我想你会说这是消极版本的黄金法则。但是黄金法则反过来说又不太好听，不是吗？耶稣自己在《马太福音》(5：38)里就出来说过刚好相反的话，甚至还引用了《旧约》里的这段话：

你们听见有话说："以眼还眼，以牙还牙。"只是我告诉你们：不要与恶人作对。有人打你的右脸，连左脸也转过来由他打；有人想要告你，要拿你的里衣，连外衣也由他拿去；有人强逼你走一里路，你就同他走二里。

我觉得意思再清楚不过了。这段话对于复仇观念的批判毫不留情。这把耶稣置于比他的时代先进许多的位置，也比《旧约》里的上帝进步了不少。

但是耶稣自己也没有完全超脱复仇的观念。就算不说《多马圣婴福音》里的那些故事，《圣经》正典的《马太福音》和《马可福音》也告诉我们了这一点。这两部福音书都谈及他是如何从那么多东西里面偏偏找一棵无花果树寻仇的。

> 早晨回城的时候，他饿了，看见路旁有一棵无花果树，就走到跟前，在树上找不着什么，不过有叶子，就对树说："从今以后，你永不结果子！"那无花果树就立刻枯干了。（《新约·马太福音》21：18—19）

《马可福音》（11：13）的版本加上了树上不结果的原因——还没到结果子的时候。可怜的无花果树，只是因为还没到结果的时候，就遭遇了这样的意外。

不难理解，基督徒们被这个无花果树的故事弄得尴尬坏了。有的人说，和《多马圣婴福音》一样，这个故事从未发生过。还有些人直接选择视而不见。他们更看重的是《新约》里说得不错的那点儿内容。但还有人说这个故事是种"象征"。并不是真的有这么一棵无花果树，这里的无花果树是对以色列这个国家的隐喻。注意到了吗？神学家最喜欢如此闪烁其词了：如果不喜欢《圣经》里的什么内容了，就会说这只是种象征，并不是真的发生过，只是为了传达要旨而作的隐喻。当然，他们还会去筛选：哪些章节可以选来当作隐喻，哪些章节又得去做字面理解。

在《圣经》正典《福音书》的其他地方，耶稣也提起了《旧约》里那劣迹斑斑的“圣父”。在《路加福音》(19：27)，耶稣提到那些不愿意认自己做王的仇敌。他说：“把他们拉来，在我面前杀了吧！”还有一点很奇怪，罗马天主教对圣母马利亚倍加推崇，但耶稣本人却对她算不上很好。耶稣第一次显出神迹是在婚礼筵席上把水变成了酒。当酒喝完了他母亲再问他要时，耶稣说：“母亲（原文作‘妇人’)，我与你有甚么相干？”[①] 或许，比起钦定版英语译本，这段话的阿拉米语原文会听上去不那么冷酷无情。作为《圣经》的当代译本之一，《新国际版圣经》坚持在“妇人”前面加了“亲爱的”。这至少让语气好了一点儿。(我的一位研究经典的学者朋友告诉我：古希腊语用“妇人”这个词的时候有时也带有某些“亲爱的”的含义。) 而且，说句公道话，既然变水成酒的故事绝对不会是真的，那么很可能耶稣对马利亚这番昭然若揭的奚落也是压根儿没影的事。

不管这事发没发生过，耶稣在这里都给人一种印象：把他选来当作实现家庭价值的模范角色是个意外。而这也不是唯一的例子。

---

① 和合本的中文《圣经》在这里也做了语气上的弱化，将原文“妇人”变成了“母亲”，但仍然加上了注明。

> 人到我这里来，若不爱我胜过爱自己的父母、妻子、儿女、弟兄、姐妹和自己的性命，就不能作我的门徒。（《新约 · 路加福音》14：26）

还有一次，耶稣正在和一群人说话。有人告诉耶稣他的母亲和兄弟们来了，想跟他说话。于是，对亲人的冷落又开始了：

> 有人告诉他说："看哪，你母亲和你弟兄站在外边，要与你说话。"他却回答那人说："谁是我的母亲？谁是我的弟兄？"就伸手指着门徒说："看哪，我的母亲，我的弟兄。"（《新约 · 马太福音》12：47—49）

在其他的例子中，与其说那是耶稣的恶意，不如说是他的无知，而且显示他无知的方式还不太好看。在加大拉人生活的地方[①]，耶稣偶然碰到两个被"鬼附"的人（出自《马太福音》第 8 章）。"极其凶猛，甚至没有人能从那条路上经过。"那可能是精神分裂症或者其他什么精神疾病导致的，但是耶稣信的是他那个时候的错误说法，说这是见"鬼"了。他下令让鬼从人的身上出来。但这时候鬼就没地方去了，耶稣就转而告诉它们到附近喂养的一群猪里面去。鬼就照做了，

---

① 今天以色列加利利湖的东岸。

于是那群可怜的猪（现在就有了“加大拉的猪群”[①]这么一个约定俗成的说法）就这么一跺脚全都一头栽到悬崖下面淹死了。这个故事可不怎么赏心悦目。当然，我通常不会怪罪生活在公元1世纪的人对精神疾病知之甚少。好的历史学家不会用当代的标准去评判古人，但是耶稣不应该是普通人啊，他应该是神哪，神不应该懂得更多吗？

耶稣不是坏人，只是为他所处的时代所局限。想象一下，要是耶稣这么说话是不是会特别了不起：“实话告诉你们，他身上没有鬼。它飞不出人的身体，也钻不进猪群。这个人是脑子在受罪。世上哪里都没有鬼。”更进一步，要是耶稣能对门徒说地球围着太阳转、所有的生物互相都是亲戚、地球有几十亿岁了、几百万年上千万年来地球表面的海陆分布一直在变等等，想想我们是不是得啧啧称奇？但是，这些都没有。虽然耶稣的智慧在很多方面了不起，但那也是他那个年代的贤者之智，跟神不沾边。耶稣只是一个人，不过是个好人。

或者，犹太先知以利亚或者以赛亚说：“以色列啊，你要听！耶和华我们的神是独一的主。我在梦中得主启示，无物可行速快过光。”然而，我们从他们那听到的全都是只可信奉一神的命令，还有许许多多如何起居的规定——全都在说的他们那个年代应该遵守的信条。

你会发现哪怕在《旧约》里，《圣经》也有些章节讲得不

① 原文为“Gadarene Swine”，因而在英语中，用swine来指“猪”的时候往往有不吉利的含义，如猪流感（swine flu）。

错。不过根据我的经验，《旧约》里不错的段落不会太多。但是我们如何决定哪些章节是糟粕不需要加以理会，而哪些章节又说得不错值得颂扬呢？答案在于：在做这样的决定的时候，我们需要其他可以用来判断是精华还是糟粕的标准。而这种讲理的方式并非来自《圣经》本身。但是，不管这个标准是什么样的，我们为什么不直接拿来用呢？如果我们有这样的独立标准可以用来评判《圣经》的各章节孰优孰劣，那我们还费劲抓着《圣经》不放干吗？

但是，你可能要说："得有一套独立标准"，这说得挺好啊。说得好像真的存在这么一套标准似的，它到底是何模样呢？确切地说，我们如何区分善恶呢？所以还得多问一句，如何决定宗教圣书里哪些章节是精华，哪些是糟粕呢？这是我们下一章的话题。

第六章

我们如何决定什么是善？

如同所有其他的动物，我们人类也是数亿年进化的产物。和身体的其他部分一样，我们人类的大脑也在不断进化。这也意味着我们的行为方式、我们的喜好、我们的是非观都在进化。我们喜欢吃甜的，闻到腐臭味时则会发出“呸”的一声，这些都是从我们的祖先那里继承来的。我们也继承了不断进化的性欲。这些都很好理解。适度地摄入糖分对我们有益，但是吃多了不行。今天，我们在生活中一不小心糖就吃多了。但是，我们生活在非洲大草原野外的祖先可不是这么回事。对他们来说，吃水果对身体有益，而不少水果所含的糖分都是适中的，所以想要糖分摄入过量是不可能的事情。这也是为什么我们对糖分的好胃口进化成了一个无底洞。而腐败的味道会让人联想起可怕的细菌。我们的祖先对于腐败的肉类避之不及，连闻一下都觉得反胃，他们会因为这样的反应机制得益。我们为什么会进化出对异性的欲望？原因也是显而易见的：性欲能让人怀上宝宝，宝宝身上又带着基因。这些基因还会在宝宝长大以后让他们也有性欲。从祖先开始，这条脉络就不曾断绝：我们都是先人和一名异性交配的后代。而我们也继承了欲望，并将如此繁衍下去。

但是，我们现在得来看看没那么容易理解的事情。似乎我们也遗传了想与人为善的愿望。我们想与人交友、与人共度时光、和衷共济；我们同情别人的痛苦，又在别人落魄时伸出援手。为什么人类会进化出向善的愿望？这很难解释。得等到第十一章说完了进化论本身之后，我们才能谈这个问题。与此同时，我也只能请你接纳这么一个观点：和性欲一样，善心也是我们人类进化中留下的某种特定的遗产。很可能这种善心已经融入我们的是非观当中。从遥远祖先生活的年代开始，道德便代代流传，而我们也从中进化出了自己的道德价值体系。

但这只能部分回答本章标题里的疑问。之所以不能简单地完整作答，是因为多少个世纪以来，我们的是非观进化得实在太快了。在历史的长河中，它变化的速度之快已经不能用逐渐进化来形容了。

看看过去的几十年，你就可以略窥一二。这种观念就像“在空气中一样”（something in the air）。当然我不是真的说字面意思上的“空气中”。观念是很多事情的结合体，感觉它像“在空气中”，是因为很难定义它具体落在何处。我们生活在21世纪，而主流的道德价值体系已经和区区100年前迥然不同。要是和 18 世纪流行的看法比起来，那差别就更大了。想想当年，蓄奴司空见惯。我很抱歉，但是我不得不说我的祖先在牙买加也这么干。那时的人们以为要是把奴隶都解放了，文明就该崩溃了。托马斯·杰斐逊是美国的第三任总统，也是《独立宣言》的主要起草人。伟大如他，一样蓄奴。美国开国总统乔治·华盛顿也是。奴隶船从西非开来，那船上的景象骇人听闻。至少，让我们寄希望于杰斐逊和华盛顿（还有我的列祖列宗）当时对此惨状并不知情。

对了，从非洲掳走奴隶的不仅仅是欧美白人。在欧洲人从西非掳走奴隶的同时，阿拉伯人也在东非抓人。斯瓦希里语是东非赤道地区的通用语言，而它也成为阿拉伯人进行奴隶贸易的语种。今天的斯瓦希里语中有不少词汇出自阿拉伯语。非洲酋长们自己也蓄奴，他们还会抓人再卖给欧洲和阿拉伯的奴隶贩子。鉴于《圣经》的道德标准为它的时代所限，奴隶制在那些地方未遭谴责也不奇怪。《新约》里甚至还尽是这样的讲道词：

> 你们作仆人的，要惧怕战兢，用诚实的心听从你们肉身的主人，好像听从基督一般。不要只在眼前事奉，像是讨人喜欢的，要像基督的仆人，从心里遵行神的旨意。（《新约·以弗所书》6：5—6）

这儿还有一段：

凡在轭下作仆人的，当以自己主人配受十分的恭敬，免得神的名和道理被人亵渎。(《新约·提摩太前书》6∶1)

说起“空气中的”变化，我们今天对奴隶制的厌恶正是这样一个例子。人们对另一位美国总统亚伯拉罕·林肯也致以最高敬意。他和达尔文出生于1809年2月的同一天①，算得上是严格意义上的同时代人了。达尔文积极投身于反奴隶制事业，而林肯更是解放了美国的奴隶。不过，达尔文和林肯谁也没觉得非洲人可以和他们所说的“文明种族”相提并论。显然，达尔文的朋友赫胥黎是个更进步的自由主义思想家。然而，他在1871年写下了这么一段话：

只要是了解事实的理性之人，就不会相信一般的黑人可以和白人平起平坐，更无论其可以更高一筹。如果这点千真万确，那么下面的想法就是异想天开：若是所有的身体残疾都被治愈，那我们下巴突出的亲戚便也能被不偏不倚地公平对待了。他总算能成功地和脑子更大、下巴更小的对手比试比试了，但这种竞赛可是要凭脑子而不是靠牙齿解决问题的。想要爬上文明层级的制高点，

① 指的是1809年2月12日。

我们黑皮肤的表亲们还没这个本事。这一点确定无疑。[1]

林肯总统在1858年还说过：

> 我愿意说，我现在不、过去也不曾以任何方式促成黑种人和白种人的社会与政治平等地位。我现在不、过去也不曾赞成黑人投票和做陪审员，不赞成他们担任公职，不赞成他们与白人通婚；除此之外，我还愿意说白种人和黑种人之间存在着身体上的差别，我相信这种差别将永远禁止这两个种族在社会与政治平等的条件下生活在一起。正因为他们不能如此生活，在他们和我们仍然在一起的时候，则必有地位上的优劣之别，我和其他人同样赞成把优等地位指派给白种人。[2]

诚然，不管19世纪的社会流行怎样的认知标准，它都与当今社会的认知标准迥然不同。要是有历史学家就此批评林肯、达尔文、赫胥黎是种族主义者，那这个历史学家也当得够差劲的。比起他们那个时代的人，这几位算是最不配种族主义者这个帽子的了。他们是19世纪的人。要是晚生200年，他们看到这两段话也该吓得不轻。

---

① 出自《布道、演讲和评论》（*Lay Sermons Addresses and Reviews*）一书第二章。

② 出自林肯1858年与民主党人斯蒂芬·道格拉斯竞选参议员席位时的一场辩论。译文出自美国学者马斯·伍兹的著作《另类美国史：对美国历史的政治不正确导读》的中译本（金城出版社，2008，王祖哲译）。

想要见证道德观念的焕然一新，你都用不着等上百年。在第五章里我们说到“二战”时期被轰炸机组屠杀的百姓不计其数，交战双方都不例外。一开始，轰炸目标集中在英国考文垂、德国埃森等生产武器的工业重镇。那时候轰炸的精度不太高，平民伤亡在所难免。双方都为罹难的平民愤懑不平。他们开始反击。到了战争后期，空袭规模升级。平民伤亡也不再是轰炸的附带结果，而变成了主要目的。1945 年 2 月 13 日至 15 日，英美分别出动 722 架和 527 架飞机。它们用高爆炸弹和燃烧弹把美丽的德国古城德累斯顿夷为平地。这次轰炸具体造成了多少平民伤亡永远不会有人知道了，但超过 10 万是比较实际的估计。这个数字足以和 1945 年摧毁广岛和长崎的两次原子弹爆炸相提并论。

现在把时间往后推半个世纪。令人难过的是，战火依然连绵。不过和两次世界大战相比，这些战争的可怕程度都难以望其项背。两次海湾战争虽然还是带来了平民伤亡，但是这些伤亡均被视作不幸的意外。政客们为之道歉，并称之为“连带伤害”，是袭击“合法”军事目标的附带结果。这部分是因为电子技术的进步，制导导弹由卫星和其他导航系统控制。往军机上的电脑输入地址，导弹就可以准确游弋至指定位置，这和对德累斯顿、伦敦和考文垂的无差别轰炸可不一样。然而，“空中的”道德标准还在进步。“二战”期间，希特勒和英国皇家空军上将、绰号“轰炸机”的亚瑟 · 哈里斯爵士[1]都热衷于向平民索命。（“轰炸机”哈里斯在皇家空军内部还有一个不那么光彩的绰号叫“屠夫哈里斯”。）到了当代，和哈里斯同等级别的人物就不再走他的老路了。要是一颗导弹打偏了造成一名平民丧命，他们可就得道歉了。

你能相信女性可以投票是非常晚近的事情吗？在英国，女人 1928 年才获得和男人同等的投票权。1918 年之前所有女人都不可以投票。1918 年之后，可以投票的女性必须年满 30 岁，而且需要达到一定的财产或教育标准（两者有时都要考虑）。而同时期的男人 21 岁就可以投票了。美国到 1920 年才允许女性投票（终于赶上了那些英联邦的工业国家）。法国女性直到 1945 年才可以投票，而瑞士更是要到 1971 年。我要说的是，几十年来，随着社会认知和共识四散开来，有些事情发生了改变，人们可以接受的事物也在变化，这种改变来势汹汹。在英国女性可以投票之前，人们会听见衣冠楚楚的绅士们这么说：“女人嘛，可爱又美丽，优点不少，但她们不会逻辑思考。当然不能让她们去投票。”你能想象今天还有人这么说吗？

我的朋友、心理学家斯蒂芬·平克写过一本了不起的书（他这个人也挺了不起的）《人性中的善良天使》（*The Better Angels of Our Nature*，书名引用自亚伯拉罕·林肯[2]）。在书中他说明了千百年来人类是如何变得更和善温柔的，又是怎

① 德累斯顿大轰炸的主要指挥官。

② 出自林肯 1865 年 3 月 4 日就职美国总统时的演讲。

样渐渐远离暴力与残忍的。这种转变无关基因进化，也无关宗教信仰。一个世纪又一个世纪，不管社会认知和共识是什么，它都在朝着不变的方向一直运动。我们可以从更宽的维度看到这点。

这个方向一直未变，但这是“正确”的方向吗？我觉得是。我希望你也跟我所见略同。这仅仅因为我们是21世纪的人吗？是不是因为这样你大可有自己的答案，但是，当我们在第四章评价《旧约》里上帝这个角色的时候，我们是在用21世纪的标准去对他评头论足。好的历史学家不会因为林肯的种族偏见就贬低他。同理，上帝做了一些十足可怕的事情，那是不是要就此认为他很坏呢？关于这个问题，历史学家们可能会有些犹豫。比如，他让以撒在父亲的手中陷入险境。再比如，他对耶弗他的女儿做的事情、让以色列人去觊觎可怜的亚玛力人和其他部族所生活的“流奶与蜜之地”。上帝的角色在《旧约》各卷书里所表现的不过是他那个时代流行的道德价值体系。我们可以为他的道德观念网开一面，或者说为在巴比伦写《旧约》的犹太人的道德观念网开一面。但是，生活在当代的我们仍会坚定地采取不同的行为方式，而这点毫不含糊。今天的我们也有权反对那些宗教激进主义者，正是他们想把我们拽回过去。

没错，每个世纪甚至每个10年，社会流行的道德观念都在改变。但是，考虑到我们人类一直在进化的历史，这种变化到底是从哪里来的，又为什么会变呢？这种变化的起因部分来自我们的日常对话，就是我们在咖啡厅、酒吧或者围坐在餐桌边的那些聊天。人们互相聊着，也在互相学习着。我们听闻敬佩之人的故事，便会发誓要认其为师。我们读小说，或是报纸上的评论文章，在 YouTube 上看的播客和演讲，都会影响我们的想法。国会为了议题争执不休，法律因此一点点变了。几十年来，法官解释法律条文的方式也变了。

1967 年之前，英国人会因为私下的同性恋行为而锒铛入狱。这种偏见虽然由来已久，但是在几十年反歧视工作之后的今天，同性恋已经稀松平常。同性恋人士可以获得和其他人一样的尊严。在维权运动领导者旷日持久的艰苦斗争之后，是议会的投票结果给了女性选举权，而且在 20 世纪，一国接着一国实现了这一点。我们确信国会议员会被各自选区的选民来信左右，法官和陪审团在法院做出的裁决也推动着舆论风气向前发展，数十年来一直如此。我们也绝不能忘记学术著作和大学演讲的影响。学者们研究道德体系、是非曲直，成为“伦理学家”，也改变着社会的认知和共识。在圆满结束这章之前，我要多说一点关于伦理学的内容。

伦理学有很多的学派。我只打算讨论其中的两派：绝对主义（absolutists）和结果论（consequentialists）。对于要如何进行道德评判，两派的观点大相径庭。绝对主义者认为是非对错黑白分明，没有什么争辩的余地。对错只是事实，真的就是真的。这就像几何学公理说平行线永远不会相交一样。绝对主义者会说：“杀人就是错的。现在是，过去也是，未来也一直会是。”这种绝对主义者可能会说堕胎就是谋杀，因为胚胎也是人。有些绝对主义者还会把这个观点套用在受精卵身上，而受精卵只是一个细胞。

结果论者评判对错的方式可就不一样了。从名字你就可以猜出来他们关心的是行为的“结果”如何。比如，谁因为堕胎“遭罪”？又或者谁会承担因为拒绝堕胎所带来的后果？我们来想象一段结果论者（叫她康妮吧）和绝对主义者（起名叫艾比吧）的对话，这能让我们对伦理学家如何思考和辩论有个概念。从柏拉图到休谟再到今天，哲人们都挺喜欢给想象出来的辩论者编对话，我在这儿也来学学他们的这种模式。接下来请注意看哲学家们是怎么从现实迅速转换到“思想实验”的。

艾比：你不可取另一人的性命。受精卵乃是人类，因此堕胎亦是谋杀，即便只是一颗受精卵而已。我听闻一位女性朋友说过：“女人想对自己的身体做什么，她自己是有绝对权利的。这也包括杀掉腹中胎儿的权利。这是她自己的事情，别人管不着。”但胎儿同为一条人命。虽在她的体内，胎儿也有权利。

康妮：和你一样，你的女性朋友所持的也是绝对主义的观点。她声称对于自己的身体和体内的一切有“绝对权利”。这就是绝对主义，虽然跟你的绝对主义不一样。然后你们就得出了南辕北辙的结论。不过我是一个结果论者，我问的是谁会为此受罪。你愿意的话大可以把受精卵定义为人类，但是受精卵的神经系统还没有发育完全，也因此不会感觉痛苦，不知道自己被打掉了，不会感觉到恐惧或者遗憾。但女人有健全的神经系统。如果她不得不因此生下既不想要也无力抚养的孩子，她会因此吃苦头。你和你的女性朋友都是绝对主义者。她是“女性权利绝对主义者”，而你是一个宗教绝对主义者（我是这么觉得的）。我同意你朋友的观点，但是是因为别的原因。她的理由是基于绝对主义的：女性有绝对权利，掌控自己体内的所有事情。我的理由是基于结果论的：胚胎没有健全的神经系统，所以不会受苦。

艾比：对，单细胞胚胎不会受苦，我同意。但是它有“潜力”成为一个羽翼丰满的人，而堕胎剥夺了这个机会。你不称这个为“结果”吗？或许我也是个某种意义上的结果论者？不管如何，我比我的女性朋友更堪此名。

康妮：没错，堕胎剥夺了胚胎未来成为生命的机会，我同意这是一个结果。但是，既然这个细胞对此一无所知，既没疼痛也不遗憾，何必费心呢？另外，你每次拒绝与人上床的时候，你也是剥夺了一个未来人类成为生命的可能了呀。你想过这一点没有？

艾比：乍一看，这说得没错，但是仍然有一个问题：在精子遇到卵子之前，并没有涉及特定的人。避免了一次性行为，你并没有剥夺一个人存在的权利。几百万个精子就有可能成为几百万个人。但一旦精子进入了卵子内部，这具体作为个体的人就开始形成了。在那一刻以前存在着几百万条生命的可能性。但这时，说的不是别的人，就是这个人。所以你不能说你剥夺了任何人存在的权利。

康妮：但如果你说受精卵是“具体作为个体的人”，你所指的便是一个不明确的实体。你知道同卵双胞胎吧？他们一开始就是一个受精卵，之后分裂成为两个个体。下次你遇到同卵双胞胎，为什么不问问哪个是“人”，哪个是僵尸呢？

艾比：嗯，好吧。我明白你什么意思了。你说得很好，该担心的是我。或许我应该换一个话题。如果你所关心的只是谁会因为行为的结果受罪，那在你看来吃人肉又有什么错？我确定你肯定不会杀了人再把人吃掉，但要是吃的是已经死掉的人呢？已经死掉的人不会再受罪了。

康妮：他的亲朋好友会恨之入骨。这就是结果！而且这个结果非常关键。人们的感受很重要。但是，只有拥有健全的神经系统才会产生感受。感受这个东西，打死也不想生孩子的怀孕女子有，而肚子里的胚胎尚且不会有什么感觉。

艾比：继续说我吃人的那个例子。那要是有人无亲无友，就没人会因为他被吃了遭受痛苦。

康妮：好吧，我们现在看到的这种论证被称为“滑坡谬误”（slippery slopes）。站在险峻山峰的顶端，你会觉得自己安全无忧。但是，如果下山的坡很滑，你又去踩上一脚，还没等你反应过来，你就滑到山下去了。你也不想这样吧。你说得没错，如果我吃了一个死人，而这人又没有亲友牵挂，那的确不会有人痛苦，这就是滑坡的制高点了。但是我们的社会对于吃人的禁忌根深蒂固，并且由来已久，单是听到这个想法就足以让我们反胃。一旦我们打破了这个禁忌，我们就有沿着滑坡一路掉下去的危险。谁知道我们最后会掉到哪里？对吃人的禁忌很有好处，这就像在危险的陡坡上安装防护栏杆一样。

艾比：行，滑坡谬误同样适用于堕胎这个例子。我同意，在被打掉的时候，早期的胚胎既感觉不到疼痛也感觉不到恐惧或是悲伤。但是这里的滑坡陷阱可以延伸到出生的那一刻，甚至到那之后的阶段。如果你允许堕胎，难道就没有风险会沿着滑坡一泻千里，一直到出生及其以后的日子？到头来，我们就没可能会因为被吵得不行而杀了一岁的孩子吗？然后再是两岁的孩子，以此类推。

康妮：是的，我必须得说你的观点听上去很有道理。但是，用出生的那刻作为分界线是再好不过的了：那是一个很好的“安全护栏”。而我们习惯上都会尊重这条分界线，尽管不一定古往今来一直如此。在古希腊，人们会一直等到孩子出生，然后看上一眼再决定要不要把孩子留着。如果答案是否定的，他们就会把孩子放到寒冷的山上任其死去。我很高兴今天我们不这么干了。顺便提一句，在妊娠晚期进行堕胎已经很罕见了。就算要做也是出于紧急原因，通常是为了保住母亲的性命。绝大多数堕胎都在妊娠的早期。而且，你意识到这点没有：很多流产都是自然而然发生的，而流产的女性甚至都不知道自己怀孕了。

事实上，即便刚刚用了“滑坡谬误”作为论证手段，我还是得承认在谈问题的时候我宁愿把这些条条框框全部丢掉。你们绝对主义者希望在人类和非人类中间一刀切地画一条分界线。那胚胎在形成的时候算是人类吗？精子最初遇到卵子的时候算吗？还是说出生的时候才是人？又或是中间的什么时候？具体来说又是哪个时间点？比起“胚胎什么时候算作人”，我更倾向于问另一个问题：“胚胎什么时候有了感知疼痛和情感的能力？”而这一切并非突如其来，而是逐渐形成的。

在进化的长河中，道理也是这样的。我们不会杀人吃，但我们会杀猪吃，但我们也是猪的亲戚啊。我们追根溯源，猪也追根溯源，迟早我们会找到同一个祖宗。想想我们的家谱就明白了。在追溯和猪的共同祖先的过程中，我们会看到猿人以及像猴子一样的各种生物。现在，我们想象一下追溯到那些猿人还没有灭绝的时候。到哪一个时间点的时候你会说“对，就是它了。从这时起往前就不算人了”？你们是绝对主义者啊，你们可是要在人和动物中间画一条绝对分界线啊。但我是结果论者，我们结果论者倾向于能不划清界限就从不划清界限。在这个例子里，“这算人类吗”就不是我要问的了。我的问题是：“这种生物会感知痛苦吗？”我假定的前提在感知痛苦方面，一些动物比其他种类的动物能力更弱，这其中就包括了猪。

艾比：你的伦理论证似乎很有逻辑，但就算是你在论证的时候，也必须从某种绝对主义的观点出发才能说明问题。在你的例子中，你上来便说“带来痛苦的是一种错误的行为”，但是对此你并没有论证。

康妮：是的，我承认。但是我还是觉得，比起你的绝对主义观点“《圣经》里如是说过……”，我的绝对主义观点“带来痛苦的是一种错误的行为”更讲道理。我觉得要是有人给你点儿颜色看看，你很快就会赞成这个观点。

你可以自己接着脑补艾比和康妮的辩论。关于伦理学家如何辩论，我希望我已经讲得足够多了。你八成会觉得绝对主义者都是信教的，但是这种判别办法也不是如此简单粗暴的。显然,《十诫》就是一种绝对主义观点。所以，通常来说，绝对主义者会跟着清规戒律过日子。

但是，即便有的哲学家没有宗教背景，他们也可能会设计出规则化的道德体系。有些伦理学家虽出自不同学派，但他们都认为你可以通过讲道理证明规则的合理性，而不是靠在《圣经》里寻找措辞。这些人被称作“义务论者”(deontologist)。比如，德国伟大的哲学家康德创立了叫作“绝对命令”(Categorical Imperative)的原则:“要只按照你同时认为能成为普遍规律的准则去行动。”[①] 这里的关键词是“普遍”。比如，鼓励偷盗的准则就不能算数。因为如果鼓励偷盗的准则被普遍采纳，那么人人就都会去偷东西。要是这样的话，就没有人会因此得利了。小偷之所以会兴风作浪，是因为全社会的受害者大多都是老实人。再者，如果每个人都无时无刻不在说谎，那说谎也变得不再有意义，因为没有可靠的实话可以用来做比较。现代的义务论理论提出一种观点:我们应该在“无知之幕”后面设计我们的道德准则。假装你对自己是富是穷、是美是丑、天赋异禀还是资质平平统统不知道。在想象出来的“无知之幕”后面，这些客观事实都被隐藏。现在，按自己想要生活的样子设计一套价值体系吧，而且你还不能知道在这个体系中自己是会高高在上还是会位居底层。义务论很有意思，但在这本谈宗教的书里我就说这

① 西方哲学史家苗力田译。

么多了。

在子宫里，“人”何时形成？关于这个问题的争论很大程度上属于宗教的范畴。很多宗教传统认为灵魂不灭，灵魂会在某个特定时刻进入人体。罗马天主教认为这个时刻就是受孕。天主教信条《生命祭》(*Donum Vitae*)[①]对此态度明确：

> 从卵子受精那一刻开始，一个新的生命就已存在。既不属于父亲，也不属于母亲，而是一个有其成长轨迹的独立个人。假如他还不是人，那么他就永远不可能是人。……从受精之始，一场人类生命的冒险就开始了。

不管这是谁写的，似乎作者从没想过“同卵双胞胎”这个论据，也就是结果论者康妮用的那个例子。

你没准儿觉得比起艾比，我跟康妮更加志同道合。但我必须要承认：基于结果论的思想实验有时会把人带偏了。想象一下：有个矿工因为落石被困在地下。我们可以救他，但是那要花很多钱。那用这些钱我们能做点儿别的什么事呢？我们可以用这些钱给世界各地挨饿的孩子买吃的。我们可以因此挽救更多的生命，也能减少更多人的痛苦。要是有人是个纯正的结果论者，难道不觉得应该抛弃矿工让他自生自灭吗？也别管他的老婆孩子是不是哭哭啼啼了。可能结果论者

---

① 1987年由约翰·保禄二世教皇批准颁布。

就是这样的，但我不会。我不能容忍丢下他不管的决定。你会吗？但要是纯粹基于结果论来看，我们就很难让拯救矿工的行动理由充分。不是说完全不可能，但是会很难。

让我们回到本章[①]的主题：我们需要上帝才能当好人吗？我花了不少时间在谈伦理学，但是伦理学只是道德价值体系改变的路径之一。和新闻舆论、饭桌聊天、议会和学生社团的辩论、法律裁决等等一道，伦理学使得社会的认知标准产生了变化。因此，和诸如认为奴隶制是好东西的18世纪相比，20世纪的道德观念就不尽相同了。对了，没有明确迹象表明这个趋势会就此停止。22世纪的道德观念会是什么样子呢？

谢天谢地，不管是不是和宗教相关，我们今天的道德观念都已经和《圣经》《古兰经》里讲的道德不一样了。要想让人学好，"空中监控仪"当然算不上值得称道的理论。所以，我们最好把"需要上帝才能当好人"的想法统统丢掉。

这意味着我们应该完全不再相信上帝的存在吗？不。不能仅仅由于这个原因得此结论。即便我们不再需要上帝就可以向善，他还是可能存在。以我们的道德观念来看，就算贵为神祇也可能是个坏蛋。我们在第四章看到的上帝就是这样，但那并不意味着他不能存在。要相信什么东西存在，证据是唯一的理由。那有证据能证明一尊神或者一群神的存在吗？

---

① 应为"第五章"。

不管是哪里，有好的证据吗？

我假定你对第一章里列出的那么多神大多都不会相信，或者我没提及的其他几百个神，你也不信。第二、第三章可能让你相信《圣经》《古兰经》这样的宗教圣书并没有给出什么信神的好理由。第四、第五、第六章又可能让你不再相信宗教是教人向善的必需。但是，你可能仍然对于某种高等力量和创造性智慧的存在念念不忘。你觉得这种创造性智慧创造了世界、创造了宇宙，或许最为重要的是它创造了包括我们在内的生物。直到 15 岁的时候，我都对这种观念深信不疑。因为对于生命之美、生命之复杂我实在是深深着迷。特别是这些生物“看上去”就好像被“设计过”一样。而后，我学习了进化论，也明白了生物为何看似设计的真正原因。由此，我最终丢掉了所有信神的念头。这种解释——达尔文的解释是那么美丽精妙，一如它所解释的那些生命一样。但是，它需要很长的时间来发展。本书第二部分的大部分篇幅都会用来谈进化论。但就算是这样，面对这么一个宏大的命题，这样的篇幅还是显得不够，也不足以与其地位相称。希望这部分能让你足够感兴趣，然后你就会被带着去阅读更多关于进化论的著作了。

进化论以及更远的事情

第二部分

PART 2

第七章

果真一切都是设计好的？

想象一下这个场景：非洲大草原上，有只瞪羚正在逃命，后面有头猎豹在冲刺追赶。瞪羚呜咽着，那也可能就是它这辈子呼吸的最后一口空气了。或许，你跟我一样对瞪羚充满同情，但是猎豹家里也有嗷嗷待哺的幼崽，要是猎豹妈妈不能捕到猎物，它跟全家都得挨饿。比起一命呜呼的瞪羚来说，它的死相没准儿更令人同情。

如果看过这种猎豹追瞪羚的片子（很可能是戴维·阿滕伯勒的纪录片），你很可能有这种感觉：它们就像是被“设计”出来的，而且设计得如此美丽而精妙。它们的身体肌肉紧绷，弹跳灵活，就像写满了“快”字一样。猎豹的最高时速可以达到 100 千米，也就是差不多 60 英里（1 英里约等于 1.6 千米）。有些报告甚至说它们最快的时速可以达到 70 英里。在没有轮子、只有腿脚驱动的情况下，这真算是个绝技了。猎豹从零开始，启动到 60 英里的时速只要三秒钟。这个水平和启动了“狂暴模式”的特斯拉或是法拉利也差不多了。

但是这种高速状态猎豹坚持不了多久，它们是短跑好手。但是狼就不同，狼算得上是长距离跑者。尽管狼的最高时速慢一些（差不多 40 英里），它们却可以坚持不懈，最终拿下猎物。猎豹需要偷偷接近猎物，待到距离足够近，它们再最后短距离冲刺一下。冲刺却捕不到的猎物会让猎豹耗尽体力，它们也不得不就此作罢。瞪羚跑不了猎豹那么快（也差不多是 40 英里的时速），但是它们会“急转弯”（也就是来回躲闪）。这增加了猎豹追捕的难度，尤其是一旦高度冲刺起来调头可不容易。

和其他羚羊一样，瞪羚被追的时候还会“垂直起跳”（pronk）。这个词的意思就是蹦得很高。这有点儿奇怪，因为这样既会减慢速度又会耗费体力。这就像是在给猎豹发出信号：“别费劲追我了，我强健得能跃到半空。这大概意味着我比别的瞪羚更难抓住。你最好退到一边去追我们群里其他伙伴。”瞪羚的脑子里并不会来上这么一出讲理的戏码。它的神经系统早已设定好了让它垂直起跳的程序，即便它也不知道为什么要这么做。不管是垂直起跳还是来回躲闪，总之要是猎豹因为冲刺距离过长不得不累得停下来，躲过了追捕的瞪羚可就算是安全了。过了今天再说吧。

猎豹和瞪羚都似乎“设计”卓越。猎豹的脊柱先是向后弯曲，且弯曲的程度很深，然后再往前猛推，差不多腰都要折了，这给了猎豹大腿狂奔的力量。而对于猎豹这个体型的动物来说，它们的肺算得上是不一般的大，鼻孔和气管也是。这是因为它们需要迅速提高血氧含量。同理，猎豹的心脏也很大。这样就可以像水泵一样把富含氧气的血液送入肌肉中，让猎豹的动作一触即发。不过，先不说心脏“尺寸”的问题，有心脏这个事情就很不简单。要知道，那是个有四个心房、心室的泵，还能一直不停地工作。心泵赖以运作的数学道理也相当精妙，我不打算在这里做一番解释，因为它实在是太复杂了，连我自己都搞不懂。

如此复杂的机理是怎么来的呢？一定是由哪个数学思维发达的天才设计出来的吗？我要强调，答案是否定的。这看上去有点儿奇怪，我们在后面的章节会来看看为什么。

现在来想想猎豹的眼睛。猎豹轮番表演着蹲伏身体再悄悄匍匐的好戏。而这时候，那双眼睛露出的凶光就会死死盯着猎物。或者我们也来想想瞪羚的眼睛。那双眼睛一刻不停地搜寻，因为猎豹这样的大型猫科动物就隐藏在周围。脊椎动物的眼睛就和相机一样，简直算得上是数码相机。之所以这么说是因为它的成像不是在眼睛后方，而是在视网膜上。视网膜是由数百万个对光敏感的小细胞构成的。我们可以叫它们视细胞。通过一系列的神经元，每个视细胞都与大脑连接。大脑里有这样几幅视网膜的“地图”。我这么说的意思就是它们也是“地图”这种一一对应的模式。在大脑里，相邻的细胞与视网膜中彼此相邻的视细胞一一连接，井然有序。上下左右的顺序都在地图上得以呈现。

要说眼睛像相机，原因还不仅仅如此。和虹膜（眼球中有色的部分）相连的肌肉控制着瞳孔的放大和缩小。你通过照镜子就可以看清楚。打开手电筒照你的左眼，这时候你看镜子里的右眼，会发现瞳孔缩小了。全自动相机也是这么工作的，“可变光圈”（iris diaphragm，直译为“虹膜光圈”）就连名字都是从眼睛那里借来的。光圈的开合都恰到好处，刚好让适度的光亮照射进来。要是有太阳，光圈的孔径就会缩小。没阳光的时候孔径就会扩大。这就跟眼睛里的虹膜一样。对了，其他动物的瞳孔不一定都跟我们一样是圆的。瞪羚的瞳孔就是水平的细缝，猫科动物的瞳孔是垂直的细缝，光线暗的时候会张成环形。问题的关键在于瞳孔和周围的肌肉，它们控制着多少光可以进到眼睛里来。顺便说一句，视网膜上的图像是上下颠倒的。你明白为什么这并不要紧吗？为何我们眼中的世界没有同样是上下颠倒的呢？

眼睛里面有一个晶状体，这还是和相机镜头一个道理。它可以聚焦于近处的物体，也可以再把焦点放到远处的物体上。当然焦点也可以在这远近之间的任何位置。为了实现这一点，相机镜头和鱼眼睛的晶状体都得前后移动，而猎豹、瞪羚、人类还有其他哺乳动物的眼睛则不会用那么明显的方式。它们会通过与之相连的肌肉来改变晶状体本身的形状。变色龙的两只眼睛可以各自转动，跟架在圆锥形的小炮台上似的。它们也可以各自定焦于远近不一的物体（用的是相机、鱼眼的那套办法，而不是通过挤压肌肉来变焦）。变色龙的双眼各自判断与目标的距离。比如说有一只苍蝇，变色龙的眼睛就可以测算出怎么能聚焦在它上面。苍蝇还没搞清楚自己撞上的是什么，就高速撞上变色龙的舌头。变色龙突然射出去的舌头就像黏糊糊的鱼叉一样。变色龙的舌头比它自己的身体还长（这真不可思议）。然后这鱼叉般的舌头再卷回来，把糟了灭顶之灾的昆虫死死卡在舌尖。

变色龙和猎豹有些共同之处。它们都是悄无声息地慢慢跟在猎物后面，直到距离足够近。足够近做什么？对猎豹而言，它要以一次爆发性十足的冲刺来收场。而变色龙也有这么一回终极冲刺，不过这冲刺是由舌头来完成的，而它的身体还是稳如磐石。你还记得猎豹从静止启动到 60 英里的时速只要三秒吧？而变色龙舌头的加速度足足是它的 300 倍。只是，它还远没到 60 英里时速的时候就已经碰到苍蝇了（或者已经失手了）。毕竟，变色龙的舌头只是（只是！）比它的整个身体略长一点儿。哪怕拥有如此非凡的加速度，它还是没有足够的时间达到 60 英里的时速。

又来了，这也看上去像是设计出来的，对吧？可我还得重申，这真的不需要设计。在后面几章里我们会明白这一点。

长久以来，变色龙的舌头究竟是怎么工作的一直算是个小小的谜团。早先有种解释是说它的舌头因为液压而膨胀，就像阴茎勃起一样，只不过这过程要快多了。会用液压这个办法的还有跳跃时的蜘蛛。（蜘蛛是多么可爱的小生物呀。它们在空中跳得老高，再用丝网把自己跟地面拴在一块儿。）血液猛地涌入蜘蛛的腿部。它们一下子都变得笔直，然后蜘蛛就向上方弹射出去。蝴蝶和飞蛾的舌头也都是这样的工作原理。平时它们的舌头都是卷起来的，而液压会让它们张开。这就跟派对吹龙——那种你一吹它就喷人一脸彩带的玩具一样，时常会伴有刺耳的声响。

尽管对于变色龙的舌头来说，液压理论有部分说不通，但是有一点是正确的：变色龙的舌头是空心的。但是，它里面有的不只是受到压力的液体，还有一条像道钉一样又长又硬、被称作“舌骨”的东西，而且还加了润滑剂。变色龙的舌头显然要比舌骨长很多。所以，为了协调起见，舌头在休息的时候需要围着舌骨绕成好多个褶子，强力肌肉也要围着层层打包。基于这些事实，自然就会产生又一种关于变色龙舌头如何工作的理论。这种理论依然是错的，只不过离真相又近了一步。按照这种理论，随着肌肉收缩到舌骨的周围，空心且带着润滑的舌头就会被往外挤，一层层的，好像拉伸望远镜。这就如同你挤一粒橘子籽，它就会射出去。这种理论几乎接近实际状况了，但也不是完全正确。

事实上，没有肌肉可以收缩得这么快，快到可以给变色龙的舌头这么“疯狂的”加速度。要想有那种程度的加速度，肌肉需要事先储存能量，然后再释放。弹弓就是这么个工作原理，十字弓、长弓也是这样工作的。你手臂上的肌肉没本事把一支箭飞速扔出去，但一张弯弓就能办得到。你手臂上的肌肉慢慢把弓弦往后拉，这时它所提供的能量就储存在弯弓上。你手指一松，储藏的能量就瞬间释放，箭也就射了出去。它的射速可比你能扔的快多了，也更加致命。你慢慢后拉的肌肉给弓提供了最初的能量，而能量的释放则是晚上一拍，而且一蹴而就。而拉弹弓的时候，你手臂肌肉的能量则是储藏在撑紧的橡皮圈上。

那储藏的能量是如何让变色龙的舌头工作的呢？舌骨周围的肌肉确实提供了射出舌头的能量。但是，如同弹弓或者弓箭，这些能量是提前储存起来的。储存能量的组织叫弹性组织鞘（elastic sheath）。它位于肌肉和充分润滑的舌骨中间。“挤出橘子籽”的正是弹性组织鞘，而不是肌肉本身。最终释放这种加载弹簧的装置时，鱼叉般的舌头就射了出去。因为弹性组织鞘的存在，舌头射出去的速度比肌肉直接挤压“橘子籽”要快许多。

变色龙的舌头并不像鱼叉那样锋利，它的末梢是一种疙瘩状的东西。这个疙瘩黏糊糊的，还带有一个吸盘。可怜的昆虫被它黏上之后就被卷到变色龙嘴里了。这个过程由另一组叫作收缩肌的肌肉完成的。疙瘩就是相对较重的炮弹，舌头剩下的部分就是晃悠悠的绳索。舌尖的疙瘩估计是“弹道式”运动。也就是说，一旦发射出去，它就不受变色龙自己控制了。这就像弹弓上的石头或者弦上之箭，或者，它的确更像鱼叉，因为变色龙的舌头跟鱼叉一样一直跟发射装置拴在一起。洲际弹道导弹之所以名字里有“弹道”二字，是因为它一旦发射出去就由不得人干预了。与之相反，制导导弹的轨迹在飞行过程中还会得到修正，这样可以帮助它锁定目标。

对了，慢慢用肌肉储存能量再用弹力释放的弹弓把戏，诸如草蜢、跳蚤一类会跳的昆虫也会用。在它们身上，发挥橡皮圈作用的是一种被称为节肢弹性蛋白（resilin）的神奇物质。要是当作弹力装备，这种蛋白甚至比橡胶还要高效。也就是说，按比例来算，节肢弹性蛋白可以储存更多的能量并加以释放。“高效”是一个技术词汇，意思是说只有很少的能量作为热量丢失了。热力学定律无法打破，而根据热力学定律，这一过程中总有能量丢失，不可避免。但我们在这儿没空细谈这些定律了。还有一点尤其特别，皮皮虾也会用十字弓式的弹力储存把戏。对于一只仅有几厘米长的动物来说，它挥出去的一拳简直能让人大吃一惊。皮皮虾的一对前肢进化成了锤子，或者说是棍棒。它们能以 50 英里的时速向猎物猛击。这样的加速度堪比 22 口径手枪的子弹。而且，跟子弹不一样的是，皮皮虾是在水下！我再重复一遍，它之所以能达到这样的速度，是因为有弹力能量储存装备，肌肉直接发力不可能做到。

关于变色龙舌头的故事，还有一点要补充。比如，为了在舌头飞出去的过程中提供帮助，舌骨本身会向前移动。这就好比弯弓在手，你会跟板球的投手一样对准目标跑上几步。在箭射出去的时候，你还没停下来。然而，我说了这么多，可能足够让你认为：“一定是有人设计出这一整套了不起的装备吧。”那样的话你又错了。为什么我要一直这么说呢？而且一直说在后面的章节我会解释呢？这是因为这一章的目的是提出有待解释的问题。这个问题挺宏大的，我不打算轻描淡写。这也是为什么在开始寻找答案之前，我要花一整章来说这个问题本身。我们也会看到，要解答这样宏大的问题，只有用基于自然选择的进化论这样的宏大理论才行。

尽管变色龙有了不起的舌头，还有炮台一样转圈的眼睛，它们更出名的却是别的东西——根据环境变色的能力。要是有政客为了融入主流观点而不断改变自己的立场，人们就会嘲笑他们是“政治变色龙”。要说变色能力，变色龙和比目鱼（比如鲽鱼）难分伯仲。但是两者跟章鱼以及它的亲戚们比起来，那可算得上是小巫见大巫了。变色龙和比目鱼变色速度缓慢，得花上好几分钟，而章鱼、鱿鱼、墨鱼等头足类动物可以在眨眼之间变色。

比起你在地球上可以找到的其他动物，头足类动物更像是外星生物。它们的口周围长有8条（章鱼）或者10条腿（鱿鱼、墨鱼）。这些腿都有着控制自如、连续弯曲的绝世武功，最了不起的一点是它们里面没有一根骨头。要论真正意义上的喷射式推进，它们也是动物家族中仅有的掌握此能力成员。它们可以利用喷射倒着游泳，特别是突然要逃跑的时候。此外，它们还可以快速变色，花样还变化多端。这也是为什么我们把它放在这一章讲的原因。令人忍俊不禁的是，它变色的方法跟今天彩色电视机的工作原理相类似。

打开你家的电视机，拿一个功能强大的放大镜靠近屏幕仔细看。除非电视机型号太老了（还有横条的那种），否则你都会发现整个屏幕是由几百万个彩色小点组成的。这样的小点叫“像素”。每个像素不是红的，就是蓝的、绿的。每个像素可以打开，也可以关闭，可以变亮，也可以变暗，这一切都是由电视机的电子元件控制的。像素太小了，你看电视的时候根本不会注意到。但是，不管多么渺小，你坐在沙发上看到的每一种颜色都是发光的像素组成的。如果你透过镜片检查画面里的亮白部分，你会发现红、蓝、绿三种颜色的像素都是亮着的状态。在画面的红色部分，不出所料只有红色的像素亮着。画面里的蓝色和绿色部分也是类似。黄色是由打开的红色和绿色像素混合而成的，紫色是由红色和蓝色组成的，棕色则是更复杂的组合。灰色和白色一样，三种颜色的像素都亮着，但是亮度没那么高。像素纵有几百万之众，通过快速控制每个像素亮的方式，电视机的电子元件就能让整个画面动起来。电脑的屏幕也是一样的工作原理。

我要惊奇万分地向你报告：章鱼、鱿鱼、墨鱼的皮肤也是这么变色的。它们整个皮肤就是活的电视屏幕。但是每个像素不是电子元件控制的，而是一个个小小的色素包。和电视屏幕一样，每个像素也有三种颜色，不过不是红、蓝、绿，而是红、黄、棕三种颜色。不过，与电视像素一样，这三种形态都是独立控制的，所以也让皮肤表面可以呈现的颜色种类多种多样。

头足类动物的像素比电视机的像素大得多。它们毕竟是色素包，你不可能把色素包做得那么小。那它们是如何控制颜色变化的呢？每个色素包都置于叫作载色素细胞（chromatophore）的器官内。鱼类也有载色素细胞，但是工作原理不尽相同。头足类动物的色素包外壁是富有弹性的（真有意思，弹性这个词不断出现）。载色素细胞连着肌细胞。这些肌肉就像海星的腕一样。只不过，不像海星只有 5 个腕，这里的肌肉差不多有 20 个。肌肉收缩的时候，它们就会撑开色素包的外壁，带色素的部分就张得更大，载色素细胞就沾上了颜色。肌肉放松的时候，因为外壁富有弹性，色素包就会缩成一个点。从远处就看不见颜色了。因为变色是由肌肉控制的，肌肉又是由神经控制的，所以变色的速度很快，只要花大约 0.2 秒就可以完成。这虽然没有电视屏幕变得快，但是比变色龙的皮肤变得快多了。变色龙皮肤的载色素细胞是由激素控制的。激素这种物质是随着血液流动的，肯定速度会比较慢。

这种拉拽载色素细胞的肌肉收缩是由神经控制的，神经则是由脑细胞控制。虽比不上电视机的电子元件，神经反应也算得上是很迅速了。从理论上说，如果我们能把鱿鱼的大脑细胞连上电脑，我们就能在它的皮肤上欣赏卓别林的电影了。尽管鱿鱼自己已经接近将之实现，但到底还没人这么干过。鱿鱼身上一波波可爱的色彩就像划过天际的云彩，而且速度更快。伍兹霍尔海洋生物学实验室的罗杰 · 汉伦（Roger

Hanlon）博士非常好心，他帮我审读了本章的初稿。当他看到卓别林这个比方的时候，他告诉我这么一件事。他和同事曾经把一条死去鱿鱼肉鳍里的神经连上了一台 iPod。当然，肉鳍没有听觉。但是，随着音乐旋律的重拍，连接线也会不时有节奏地放电，而这也会刺激带着载色素细胞的肌肉。结果挺疯狂的，简直搞出来一个蹦迪现场。你可以去 YouTube 上搜搜“精神错乱的载色素细胞”（Insane in the Chromatophores）。

头足类动物的故事还有更有意思的部分。首先，你得知道：物体拥有色彩无非两个途径。一种是通过色素（墨水、燃料、油漆）。它们吸收阳光中的某种色彩而将其他色彩反射回去。另一种是通过被称之为“结构色”（structural coloration）的方式来实现的，这又称作“虹色”（iridescence）。虹色的产生靠的不是吸收阳光。阳光都被反射了，而不同的色彩是由看的角度和光线照射的角度决定的。肥皂泡里闪着瑰丽的彩虹色，这就是虹色（Iris 是希腊神话里的彩虹女神）。在观察水面上薄薄的一层油的时候，你可能也见过这种现象。虹色也是孔雀身上那些迷人色彩的来源。有一种带着亮蓝色的热带蝴蝶叫蓝闪蝶（morphos）[①]，它身上的色彩也基于同样的原理。

鱿鱼可不会错过变戏法的机会。结构色便是又一种它们

---

① 有时中文也音译为“蓝摩尔福蝶”，生活在中南美洲。

屡试不爽的把戏。在载色素细胞的下面还有一层所谓的“虹色细胞”（iridophores）。和载色素细胞不同，虹色细胞不会变形，但是它们会跟蓝闪蝶的翅膀一样闪耀着彩色的光芒，经常会是亮蓝色或者亮绿色。这些颜色是或红或黄或棕的载色素细胞所发不出来的。虽然并非所有的虹色细胞都会变色，但其中有一部分是可以变色的，只是原理和载色素细胞不尽相同。

虹色细胞在载色素细胞下方独立成层。它们形成五彩斑斓的背景色，但是或多或少会被层忽明忽暗的载色素细胞掩盖。除了载色素细胞和虹色细胞之外，在它们下方还有一层白色素细胞（leucophores），它们全是白色的。和雪花一样，它们之所以全白是因为反射了所有波长的光。虽然不像镜子那样反射得一干二净，但是会把光向各个方向四散反射开。

那头足类动物会用这些变化肤色的招式做什么呢？主要是为了伪装。它们可以操控载色素细胞，瞬间模仿出背景的颜色。对此，我们可以在罗杰·汉伦拍的一部迷人短片里一睹风采。他潜入加勒比海的大开曼岛水域拍了这部片子。图4和图5是一组比较的截图。当汉伦博士向一团海草游过去的时候，让他大吃一惊的一幕出现——“海草”比较亮的一部分如同闹鬼一般变成了一块白色，看上去咄咄逼人。这就好像它是从黑色背景里“浮现”出来的。正在这个时候，那块白色排出一团深棕色的墨水，混淆了可能到来捕食者的视线，然后它逃之夭夭。很值得花时间去搜搜这个名叫“罗杰·汉伦章鱼伪装变色”（*Roger Hanlon octopus camouflage change*）的视频。

头足类动物可以模仿环境的颜色，可自己却是色盲。了解到这点，这一切就显得尤其了不起。那它们又怎么知道环境是什么颜色呢？还没人知道确切答案，但有一种解释大概是说它们全身都遍布有视觉器官，至少部分皮肤如此。这些器官不是真的眼睛，它们无法精确成像。这更像是皮肤上附有视网膜，而这种视网膜足以使它们获知环境的颜色。

头足类动物如此惊人的变色能力不仅仅是为了伪装，有时候也是为了威慑敌人或是求偶。在另一组镜头当中，罗杰·汉伦发现了这样一种鱿鱼。它用白色威胁同为雄性的情敌，而用带条纹的棕色来向雌性求欢（见图 6）。在影片里我们看到有条雄性鱿鱼秀了一把绝活儿：为了提防其他雄鱿鱼，它的右侧是白色的，而与此同时，为了讨好身旁的雌鱿鱼，它的左侧变成了带条纹的棕色。很值得一看，搜搜“罗杰·汉伦”加“皮肤的信号”（Signaling with skin patterns，是美式拼法的“signaling”）。你会发现雄性鱿鱼的变色是在一瞬间发生。过了几秒钟，女伴游到了它的另一侧，它的左右两侧便调转颜色，这样女伴只能看到它的求偶信号。头足类动物还能改变皮肤的形态，时而隆起褶子，时而变成尖刺或是突起状。

如果你在网上搜一搜“动物伪装”，你还会搜到几百个例子。各种各样的生物用令人惊叹的（这是一种含义，也可以是意思相反的另一种含义）伪装术来保护自己：蜘蛛、蛙类、鱼类、鸟类，尤其还有昆虫（图 8 列了几个例子）。光是想到要一一列举也会惊得合不拢嘴。每一个物种都像是出自精于创造的崇高艺术家之手。“创造”一词把我拉回本章的主旨。动植物的一切、所有物种的每个细节看上去实在像是有人设计创造出来的。多少个世纪以来，人们曾经错误地将之归功于我们在第一章里遇见的那些神灵，或者并非具体哪尊神，而是不具名的造物主。

而在我看来，比起动物伪装，生物体那十足复杂的结构更让人啧啧称奇。单是从一只眼睛中我们就可以略窥一二。你的大脑更是不可思议，它包含有 1000 亿个神经元——像树根一样四处蔓生，像电线一样彼此连接（看看下面的示意图）。因为这样的结构，你才能思考，才听得见、看得见，才能去爱去恨，才能攒掇一个烤肉局，才能凭空想出一只绿色的巨型河马或者畅想未来。

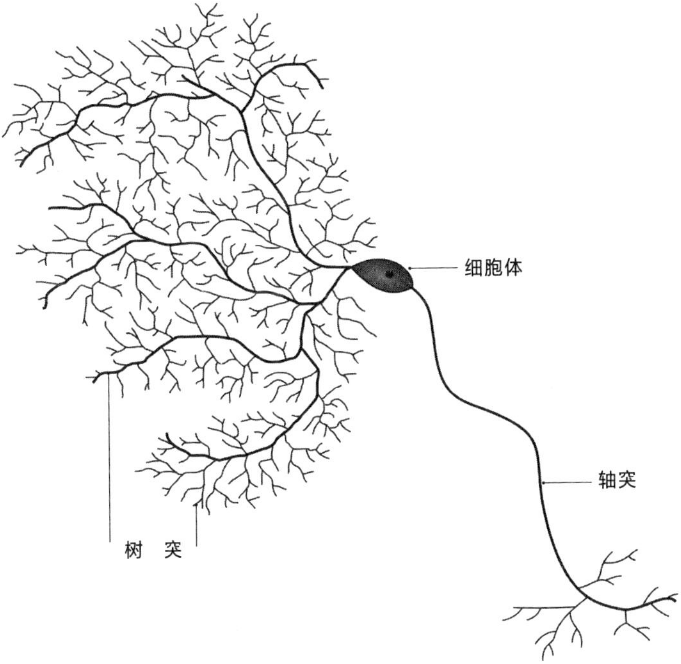

下面还有一张图表。这张图表是用来说明你身体的每个细胞里的化学反应是如何进行的（你全身有超过 30 万亿个细胞）。图表里的小斑点代表的是不同的化学物质。它们之间的连接线代表的是彼此之间的化学反应。不用纠结于标签上的细节，但要是这里所体现的化学反应停下的话，你可就没命了。

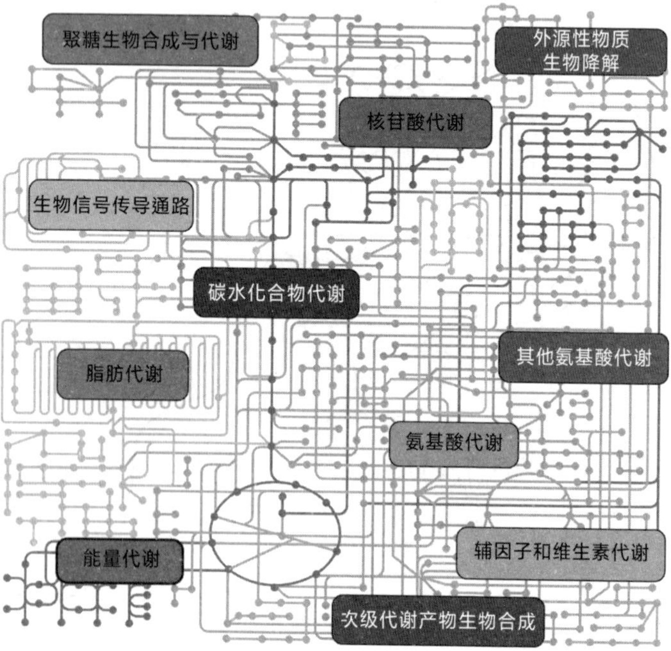

现在，我们把思考的焦点对准身体里的一个分子——血红蛋白。正是血红蛋白让你的血液呈红色。而在氧气从肺部向所需之处输送的过程中，血红蛋白也至关重要。想想冲刺时的猎豹和瞪羚，它们的大腿肌肉就需要供氧。此时此刻，你全身上下血液里涌动的血红蛋白分子数有足足 6×10^{21} 个。在之前的一本书里我做过计算，每一秒人体血液中新产生的血红蛋白分子就有 4×10^{14} 个，与此同时也有同样数目的血红蛋白分子消亡。（这个数字似乎大得匪夷所思，但还没有人提出异议。）

复杂到这个程度，让人啧啧称奇，又让人觉得这一定需要有个大师级的造物主吧。后面的章节里还会再一次表明并非如此。要挑战这一点可不简单。再说一遍，在进一步回答问题本身之前，本章的目的是要说明这个问题有多宏大。

要说清美这种东西也是一个挑战。雄孔雀的尾羽持续发出微光，那样子很美。这其中大多是结构色带来的虹色，目的是吸引雌孔雀。我们可能要说这是货真价实的美。但是，美也可能包含某种“功能性”，也就是它得有用。我就觉得飞机很美，而它们的美来自流线型的外观。出于同样的原因，鸟儿也显得很美。那奔跑的猎豹也是如此——不过我想瞪羚不会这么觉得。

这一章可能让你有这么一种印象：这些行走的“设计”简直堪称完美无瑕。不但好看，而且与用途匹配得十分理想，不论这种美是要被用于观察、变色、狂奔捕猎、遁形于树干上、让雌孔雀无法抗拒，还是什么别的。要是你真产生了这种印象，那我得稍稍泼点儿冷水。尤其在这些动物的皮肤下面，你可以看到诸多缺陷，这些缺陷能说明很多问题。它们讲述的是进化史。你若想看看动物是否是精巧设计而来的，这些缺陷可能与你的期待大相径庭。事实上，有些甚至是恰恰相反。

海床上生活着很多种鱼类，它们身体扁平。扁平是两种形态。比较明显的一种是肚子向上躺下去，然后自上而下压扁，身体向四面推开。鳐鱼和魟鱼就是这样的。你可以把它们想象成被花园滚轧机轧死的鲨鱼。鲽鱼、鳎目鱼和偏口鱼[①]就另辟蹊径。它们身体全贴在一侧，要么是左侧，要么是右侧，但不会跟鳐鱼一样采用贴着肚子的扁法。

你可能会想到，作为鱼类，身体照着一侧扁会有麻烦。比如有只眼睛会对着海底，所以这只眼睛就没什么用了。这种麻烦鳐鱼和魟鱼就没有——它们的眼睛长在扁平的头顶上，看东西时两只眼睛都用得上。

所以，鲽鱼和偏口鱼该怎么办呢？它们的颅骨在成长的过程中扭曲变形，所以它们的双眼都是往上看，而不是有一只对着海底。我说扭曲变形的时候，用的是它的本意（参见图 7）。没有明智的造物主会如此安排。从设计的角度来说这毫无道理，但这毕加索作品一样的脸庞也写满了历史。与祖先是鲨鱼的鳐鱼和魟鱼不同，这些扁平鱼的祖先有着和鲱鱼差不多的形状，呈垂直方向的刀锋状。它们的左眼往左看，右眼往右看，如一个优秀造物主所期待的那样对称。当它们改变了生活习惯而生活在海床上的时候，它们没法再被送回到画板上按造物主的意志修改。它们只好根据现成的东西做调整，于是头就扭曲了。

关于能说明问题的缺陷，我这儿还有个著名案例——你的视网膜。视网膜的成像过程是从后往前的，这一点所有脊

① 这三者都是比目鱼的一种。

椎动物都一样。我前面已经形容过，视网膜就是视细胞组成的一张屏幕。这些视细胞通过神经元和大脑连接。而诸如章鱼这样的头足类动物，它们采用的连接方法才算得上聪明。连接大脑和视细胞的“导线”从视网膜网底引出来，合情合理。

脊椎动物的连接方式就和章鱼不同。在我们这儿，连接视细胞的导线是往后引的，传导方向和光源的方向相反。那么，作为导线，神经元究竟是怎么把视细胞的信息传入大脑的呢？它们带着视细胞信息在视网膜表面运动，然后汇集在视网膜中间的圆块处。神经元一头扎进这个圆块再回过头向大脑进发（你看看下面的图）。这个神经元穿过的地方被称为“盲点”（blind spot）。它们得此名称并不奇怪，因为这儿是盲区。这种安排多么可笑！德国著名科学家赫尔曼·冯·亥姆霍兹（Hermann von Helmholtz，他既是医生，也是开创性的科学家）曾经说过，要是有人设计脊椎动物的眼睛给他，他宁可退货。不过，尽管他的退货理由很充分，脊椎动物的眼睛不也工作得挺好嘛，我们都可以看见东西呀！在视网膜表层工作的神经元只是浅浅的一层，进光的时候通透得很。

说到糟糕的设计，我最喜欢的一个例子是喉返神经（recurrentlaryngeal nerve）。“喉”（larynx）指的是嗓子里的声匣，由两条出自大脑的神经提供支持。这两条神经被称作“喉神经”，其中的一条喉上神经被精巧地直接从大脑接到声匣处。而另一条喉返神经就比较疯狂了：它从大脑出来之后

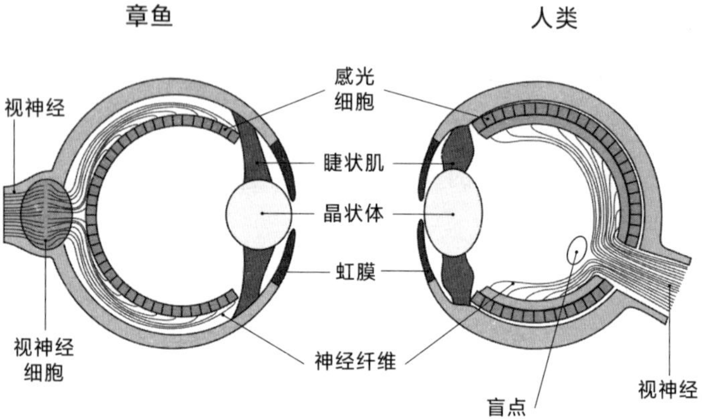

沿着脖子往下走，径直路过了喉部（本应该是终点的地方），接着一路往下到了胸腔，然后围着连接心脏的一条主动脉绕上几圈，再“嗖”的一下回到脖子里并最终到达喉部，也就是它本该在一路往下的半道上停下的地方。对于长颈鹿来说，那真是绕了一大趟远路。有一次我为电视台做节目，要解剖一头不幸死于动物园的长颈鹿。那次我可是看得真真切切。

我得再说一遍，显而易见，这种设计太糟糕了。但是，要是看看历史的话，你就会发现它合情合理。我们的祖先是鱼类，鱼类没有脖子。在鱼身上，与我们的喉返神经相对应的神经并没有折返的环节。它的作用是支持鳃的工作，而从脑部到鳃部最直接的路线便是从大动脉的后面走，这一点也不绕。后来的历史进程中，随着脖子开始变长，神经也要相应地绕些远路。一代又一代的生物出现，脖子的长度稳定增加，而路越绕越远。到了长颈鹿的始祖那里，即便绕路已经远得出奇，神经也还是继续变长而非直接跳过动脉抄近道。这都是进化在起作用（我们下一章里会看到）。要是有造物主看到喉返神经沿着长长的脖子一路往下，路上穿过几英尺长的喉管，它一定会说："等等，这太可笑了吧。"亥姆霍兹可又要退货了。从睾丸往阴茎输送精子的输精管也是这样，它也不走最近的路线，而是向上进入腹部，再围着连接肾脏和膀胱输尿管打转。同理，这种绕路方式也只有看过进化史才能说得通。

"我们身上写满了历史"，我喜欢这种说法。我们冷的时候会起鸡皮疙瘩。这是因为我们的祖先毛发旺盛，冷的时候每根毛发都会竖起来，这样抵御冷空气的毛发层就会变厚，利于保暖，就像加了件毛衣。如今的我们已经不再周身尽是毛发，但是控制毛发竖起的小肌肉群还在。冷的时候，它们的反应方式仍然是竖起已经不存在的毛发，而这已经没什么用了。毛发旺盛的历史就写在我们已经裸露的皮肤上，写在鸡皮疙瘩里。

在结束这一章之前，我想回来说说猎豹和瞪羚。如果上帝创造了猎豹，他肯定为了设计出这么一个超凡杀手费了不少心血：速度快、下手狠、眼睛亮、爪牙利、脑子里想的全是怎么无情地置瞪羚于死地。但上帝也花了同样的心血创造瞪羚。他设计猎豹捕杀瞪羚，与此同时他又忙着把瞪羚设计成逃离猎豹掌心的专家级选手。他让两种动物都健步如飞，这样两者便可针尖对麦芒。你不禁好奇：上帝是站哪一边的？他似乎在让两边的痛苦都雪上加霜。难道他喜欢在观众席看体育比赛？惊恐万分的瞪羚拼命狂奔，然后被撞翻在地。猎豹紧紧勒住它的脖子，而它不能呼吸，感到窒息。或者猎豹空手而归，之后和自己嗷嗷待哺的悲惨幼崽一起慢慢饿死。想到上帝喜欢看这些场景，难道不可怕吗？

当然，对于无神论者来说，全然没有这些麻烦，因为我们压根儿就不相信有上帝。我们仍然有权为惊恐的瞪羚或是挨饿的猎豹一家感到难过，但我们不会觉得它们的处境难以说通。对它们，以及对于其他关于生命的一切，基于自然选择的达尔文进化论都可以完美解释。下面的三章我们就来一探究竟。

第八章

一步一步实现不大可能的事情

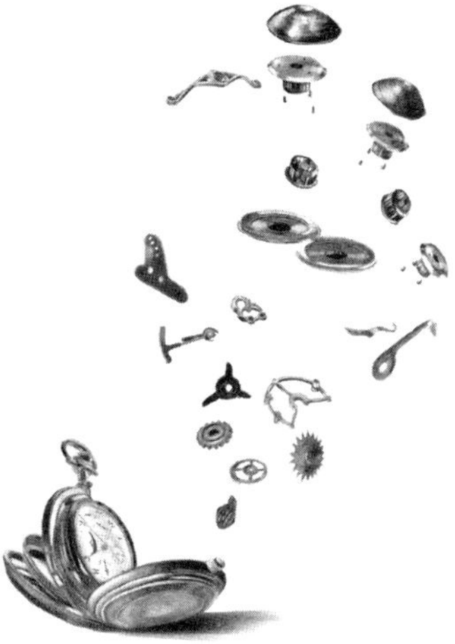

关于构造美丽的动物，上一章里有不少好的例子。动物们展现出难以解释的彩色花纹，堪称完美。显而易见，它们的聪明之举也让自己得以繁衍生息。在每个故事后面，我都会问这个问题：难道真没有设计师、造物主或者智慧之神凭空想出这一切再将之实现吗？想到那些曾经活在世上的动植物，你还能讲出不少类似的故事。那这些动植物究竟何德何能就让人觉得它们一定是被设计出来的呢？答案是：不大可能的事情（improbability）。现在我得解释一下我这么说是什么意思。

当我们说什么是不大可能的事情，我们是说它不太有机会发生，发生了也是碰巧。如果你拿10个1便士的硬币在手里摇，再把它们扔到桌上，发现10个硬币都是正面朝上，你会惊讶不已。这或许会发生，但可能性不大。（如果你喜欢算术，可以计算一下到底是多不可能，但我会说“非常不可能”。）如果有人拿100个硬币做同样的事情，所有硬币正面朝上也仅仅是可能而已。但是，这概率实在是太小太小太小了，你会觉得这是在变戏法。你说得没错，我会押上所有赌注说这就是变戏法。

为了计算某种特定结果的概率，抛硬币是个简单的办法。至少这个例子简单明了。但说到像人眼或是猎豹心脏形成的概率有多小，我们就不能跟抛硬币一样用加减乘除准确计算了。不过我们能说概率非常非常小。眼睛、心脏这样的东西不会只是凭运气出现的。正是这样的小概率让人觉得它们一定是经过设计的。在本章和下面几章，我的任务是说明这么想就错了。它们不是被设计出来的。不管我们说的是眼睛出现这样的小概率事件，还是存在一个可以设计出眼睛的造物主这样的小概率事件，都是不大可能发生的。一定有其他的解释可以让小概率事件的发生说得通，而提供这种解释的人是达尔文。

对于生命体来说，随便拼凑眼睛的过程就好比是抛硬币。晶状体可以最后落在眼球的后部而不是前部；视网膜可以在角膜的前面而不是在晶状体的后面；虹膜可以暗的时候关闭、亮的时候打开，不用非得跟现在这样聪明地反过来，或者，它可以在你听到喇叭响的时候打开，然后在你闻到洋葱味的时候闭上；晶状体也可以漆黑一片、毫不透光而不是清澈透明。你要是胡乱拼凑，甚至视网膜和虹膜都不会有了呢。

或者想象一下胡乱拼凑的猎豹。它可以四条腿都长在一侧，走条小路也跌跌撞撞，后腿向后运动时绊在一起，却还想朝着相反方向快跑。这么一来，猎豹往前往后都挪不了半步，倒像是要把自己撕成两半。它的心脏可以连着气管，这样泵出的就是空气，而不是血液了。猎豹的牙齿可以长在背上而不是嘴里。要是完全乱来的话，猎豹连腿、心脏、牙齿这些东西都不会有。它可以是一团乱七八糟的东西，一摊猎豹烂稀泥。

我敢保证，你肯定觉得这荒谬至极。关于如何把猎豹的身体胡乱拼凑，你能想出无数个点子。但这其中没几种猎豹真的可以跑起来，也没几种可以有视觉、嗅觉，或是可以养儿育女。甚至没几种可以活下来。胡乱拼凑变色龙，你的办法也是千千万，但没几种办法能让变色龙射出舌头抓到昆虫。随随便便拼凑是产生不了动植物的，这一点再明显不过。不管拿什么来解释猎豹和瞪羚，或是快如闪电的变色龙舌头，又或是鱿鱼的载色素细胞、虹色细胞、白色素细胞，它们都不可能是随机产生的。不管什么能真的解释几百万种动植物从何而来，仅凭运气肯定是不行的。对此我们都同意，那可以替代的解释是什么呢？

遗憾的是，很多人从这里开始就朝错误的方向走去。他们认为唯一可以替代随机运气的解释便是造物主。如果你也是这么想的，你的同伴还挺多的。在 19 世纪中叶达尔文出现以前，几乎所有人都是这么想的。但这可是大错特错了。不单说这个替代理论搞错了——这简直就算不上是一个替代理论。

说起这种错误论调的代表，威廉·佩利牧师于1802年发表的《自然神学》（*Natural Theology*）一书最为著名。如佩利会吏长所言，想象你正走在荒野上，一不小心踢到了一块石头。你不会把一块石头当回事。它自然而然地形成，自然而然有了粗糙的不堪、不规则的形状，而且还满身疙疙瘩瘩。石头就是石头，和其他石头相比没有什么不同。但这时候，佩利说了：假如让你绊了一下的不是石头，而是一块表呢？

表可就复杂了。打开后盖，你会看见很多齿轮、发条、精巧的小螺丝。（当然，在佩利的那个年代，他们不会有今天的电子手表。那会儿的表都是揣在怀里的机械计时器。机芯都由专家精心制作。）这些小部件互相紧扣，彼此合作才可以发挥作用——在这个例子里它的作用就是告知时间。跟石头不一样，表不会凭运气“碰巧”产生。它必须得有人精心设计，再由制表老手组装而成。

你肯定不难知道佩利接下来要往哪儿发挥了。就像制表要有表匠，造眼睛也得有造眼睛的工匠，造心脏也得有造心脏的工匠，以此类推。有可能现在你比之前更觉得佩利说得在理。我要说他说的是错的，要说造物主真的没有存在的必要，你没准现在更听不进去。

这种论调虽然磕磕绊绊，但说明了一点：对于生物产生这样不大可能发生的事情，不管还有什么美丽的解释，都肯定不会是随机碰运气就行的。而这差不多就是“不大可能”

原本的含义。但是，现在为了说明问题，我们要做一点小小的变通。这种变通幅度很小，但很重要。这是达尔文主义者的变通。要是不把猎豹全身上下随意乱拼搞成一个可怕的乱团，而是对这种动物只做一点点改动，但怎么改还是随机的，会发生什么呢？关键在于我们的改动幅度非常非常小。假如猎豹生下来的时候，爪子只比上一代长一点点，那么，现在我们就没把猎豹拼成一个可怕的乱团了，它还能正常地生活、呼吸、奔跑。它虽然是随机变了一点，但变化非常小。这小小的变化很可能让猎豹的生存难了一点点，或者好了一点点。或许更长的爪子让猎豹有更好的抓地力，也可以帮助它跑得快一点儿，这就像运动员跑步时候穿的钉鞋。在上一代猎豹爪下刚刚好可以逃脱的瞪羚，用这样的爪子也可以够得着了。又或者这爪子可以让猎豹捕猎时抓得更牢，这样猎物扭扭身体就可以跑掉的概率也变小了。

那猎豹的爪子是怎么一点点变长的呢？在基因组里的某个地方，有一个基因可以影响爪子的长度。猎豹宝宝都是从父母那儿遗传基因的，但现在我们说的是任意一个新生儿。它体内影响爪子长短的基因和父母的不尽相同。这种变化是随机的。基因发生了“变异”。变异本身也是一种随机的过程——不一定就会朝着进步的方向变化。实际上大多数的变异基因是让情况变糟的。但是，有一些巧合让事情变好了。就比如我们的这个例子——慢慢变长的爪子。在这种情况下，拥有这些积极变化的动植物更有可能存活下来，再把自己的基因遗传下去，而这里面也包括了变异的基因。这就是达尔文所说的自然选择（虽然他没有用“变异”这个词）。

随机的变异可能会让爪子变钝而不是更锋利，也可能让猎豹奔跑或是捕猎起来更费劲。变化得越小，它越可能有一半的机会成为一种进步。为什么这么说呢？想象一下，要是变化特别大会是什么样。比如说变异过的爪子有足足1英尺（1英尺约等于0.3米）长，这肯定让猎豹成功概率变小了。它会被这怪兽一般的爪子绊摔跤，想要抓住什么东西的时候爪子也会折了。不管往哪个方向变，只要变化很大的话，都会是这样的结果。如果它的四肢突然变得有两码（1码约等于0.91米）长或是只有6英寸（1英寸约等于2.54厘米）长，猎豹也会很快死去。现在再想想非常微小的变化会是怎样，往两个方向都想想。你想象一下那种很小的变异，小到几乎对于猎豹的身体没有什么影响。变了之后，猎豹的成功把握也不会变多，也不会变少。这样的变化足够小，小到几乎为零，却又不是一点儿没变。那么，对于猎豹来说，这种变化就有一半的可能是种进步。不管朝哪儿变，变异得越明显，就越可能不利于动物的生存。大的变异是坏事，小的变异有接近一半的可能性是好事。

达尔文意识到成功的变异几乎都是微小的。但是，科学家所研究的变异通常都是挺大的那种。显然这是因为微小的变异难以侦测到。不管变异朝哪个方向发展，只要大变特变，几乎都是坏事。有些人也正是由于这个原因而怀疑进化论，他们觉得变异都不利于生存。有的变异大到可以轻易放在实验室里研究。要是说这些变异尽去坏事了，这可能没错。可是，对于进化来说，微小的变异则是举足轻重。

为了让读者相信选择的力量，达尔文首先举出的例子是驯化。人类把野马驯化成了几十个不同的品种。有的品种比野马高大，比如拉车的役马、中世纪的战马等等。也有些品种比野马矮小得多，比如设特兰矮马、法拉贝拉。一代代不间断地遴选最大的马匹个体再加以培育，我们（我指的是我们人类的祖先）创造出了役马。同理，用最小的马匹一代代培育，我们创造出了法拉贝拉。一代又一代，我们用狼培育出那么多狗的品种。我们用一代代中最大的个体培育出了大丹犬、爱尔兰猎狼犬，坚持不懈用最小的个体培育出吉娃娃、约克夏。野生白菜本是平淡无奇的野菜，但从它开始，我们种出了抱子甘蓝、白菜花、羽衣甘蓝、西蓝花、球茎甘蓝和拥有优美数学造型的罗马花椰菜（参见图 9）。所有的这些都是拜人工选择所赐。多少个世纪以来，许许多多的农夫、园丁、养狗人、养鸽人都很清楚这种人工选择有多大的力量。

达尔文聪明地意识到用不着人类来做选择，大自然自己也可以做这样的选择，而且这样的选择已经进行了几亿年。有些突变的基因让动物得以生存繁衍，而这些基因就在种群中越来越普遍。其他的突变基因让生存繁衍更为艰难，所以它们在种群中越来越少，直至彻底消失。从狼变成惠比特犬或是魏玛猎犬，只消花上几百年。那你想想几亿年间会有多大的变化吧。我们的祖先是鱼，自打它从海里爬上岸，3亿年过去了。这时间久得让人觉得可怕，也让变化有十足的机会代代相继。回到我们前面说的，成功的变异可以随机，但是得微小，这是关键。变异的动物不能是随便拼出来的乱团。和上一代相比，每次随机的变化只能带来一丁点儿的差异。

让我们回到我们的例子。我们来看看大自然是怎么承担农夫、园丁和养狗人的工作的。带着变异基因的幼崽长大了，它稍稍长一些的爪子让它跑得快那么一点点。所以，它捕猎的收获更多，这也意味着它的孩子更可能吃饱，也能更好地活下去，再生儿育女。这些孙辈一代的幼崽继承了变异的基因，所以它们长大以后爪子也会稍稍长一些。它们因此跑得更快一点儿，也因此会有更多的孩子，生出来的曾孙辈也是变异幼崽，如此类推。这就好像是有人类饲养员在系统地挑选跑得最快的个体然后加以培育一样。但是，自然界并没有这样的人类饲养员。生存下来的个体替代了饲养员的工作。你也可以预见接下来会发生什么。一代又一代之后，这样的变异基因在族群中越来越普遍。最终，几乎所有的猎豹种群都会有这样的变异基因。它们都比祖先跑得更快一点儿。

这样的话，瞪羚的压力可就更大了。不是每头瞪羚都能跑得一样快。没有瞪羚能跑得跟猎豹一样快，但是它们中间有的比其他同伴跑得快一点儿。跑得快的就更有机会躲开被吃的下场，可以有更大的机会存活和生育，而它们的孩子也会遗传跑得快的基因。携带跑得慢的基因的瞪羚最后都被猎豹、狮子、金钱豹吃进肚子里了，它们也因而不太可能把这种基因遗传给下一代的瞪羚了。同样是在现有基因上变异，如果新突变帮助瞪羚跑得更快，它就会在瞪羚种群中扩散开来，这就跟猎豹的变异一样。它可能是蹄子的变化，或者是心脏的变化，又或者是血液化学成分的深层次变化。在这里，具体怎么变的不是最关键的。任何能帮瞪羚活下来的基因，不管是什么，都会遗传到孩子身上。所以，和猎豹一样，它会一直传播，直到最终普遍存在于种群当中。一代代过去，不管是猎豹还是瞪羚，不管是捕猎者还是猎物，它们都变得更快了一些。因此我们说两边都在进化。

我喜欢“军备竞赛”这样的比喻。说一头猎豹和一头瞪羚是在赛跑当然名副其实，但那并不是军备竞赛。这只是一场很快分出胜负的赛跑，要么是饱餐一顿的猎豹获胜，要么逃之夭夭的瞪羚是赢家。军备竞赛则进行得更慢一些，它是用进化的时间跨度而非猎豹和瞪羚个体的生命跨度来衡量的。军备竞赛存在于瞪羚和猎豹两个种族之间，也存在于瞪羚和狮子、金钱豹、鬣狗、猎犬之间。伴随着这样的时间跨度，军备竞赛不断带来进步。而进步是生存的利器——奔跑速度的进步、腿部能力的进步、耐久力的进步、躲闪能力的进步、能发现捕食者的感觉器官和捕猎技术的进步，为了更快给肌肉供氧，还有血液生化结构的进步。

跟人类的生活是一个道理，天下没有免费的午餐。想要获得进步，就得付出代价。更快的奔跑速度需要腿更长、重量大的骨头更少，这就伴随着更大的断腿风险。经过人工选择的培育，赛马跑得比所有自然选择的产物都快。但是赛马细细的长腿也因此更容易摔断。想象一下，要让野马为与剑齿虎的军备竞赛所驱动，要让它们因此跑得和赛马一样快，自然选择会让它们发生什么变化。某一匹速度最快的野马因为腿更长、骨头更轻，或许更有可能跑赢剑齿虎。但是，它也更有可能摔断腿，然后就轻而易举地成了剑齿虎的盘中餐。所以，实际上，我们会希望军备竞赛达成某种妥协：野马可以跑得快，但别和人工培育的赛马一样快。现实也正是如此。现代的赛马确实经常摔断腿，这并不奇怪，但很悲惨的是，它们会因此被一枪毙掉。

军备竞赛的边界不仅仅是断腿以及类似的事情，经济界限也很重要。要想打造善于奔跑的肌肉，花销不菲。你需要吃东西，才会长肌肉。这些食物开销本可以花在别的地方，比如给宝宝的奶粉钱。人类的军备竞赛也是很烧钱的。你在轰炸机上投的钱越多，那可供战斗机用的钱就越少，更别说造医院、建学校了。

想象一下植物得算的经济账，比如说马铃薯。用植物举例子很好，因为要是说瞪羚、猎豹或者马算账，我们可能会被误导，以为它们真的在脑子里进行计算。但是没人会觉得植物可以进行计算。我们这里指的不是有意识的计算，而代代相承的自然选择就跟进行计算是一个道理。所以，回到马铃薯植株的例子。它可以用来砸的“钱”有限。“钱”指的是将来自太阳的能量转化成糖分这样的货币，而这样的货币通常是以诸如淀粉的形式被存储在马铃薯的块茎里的。植物需要在叶子上花钱，这样才可以吸收阳光，造出更多的钱。它还需要在根部花钱，用来吸收水和矿物质。长在地下的块茎也需要花钱，这样才能给来年存点儿积蓄。花也需要钱，这样才能吸引昆虫，后者给马铃薯植株授粉，而基因也得以传承。这里面也包括懂得如何合理花钱的基因。有的马铃薯可能没给块茎存够明年的积蓄，这就是计算失误了，而它成功传递自己基因的概率也变小了。一代一代遗传下来，算错了经济账的植株在种群中的数量变少了。在种群的“基因库”里，渐渐就都是算账精明的基因了。

在马铃薯这个例子里面，我们谈论的并不是有意识的精打细算。现在，我们大可放心地回去看看瞪羚是怎么做到经济平衡的。和马铃薯的例子的细节不同，但道理是相通的。瞪羚得小心猎豹和狮子，得有恐惧感，得瞪大眼睛保持警觉。它们的鼻子也得保持警觉，因为它们常常需要通过嗅觉来侦测危险。但是，有一点很重要。它们还得花大把时间来吃东西。吃多少补多少。素食没有肉类有营养，所以像瞪羚、奶牛这样只吃植物的食草动物几乎得一直吃东西。要是有哪头瞪羚太过胆小，稍微怀疑有点儿危险就跑个不停，那它进食的时间可就不够了。在非洲平原上，你有时候会看到这幅场景：哪怕知道狮子就在跟前，羚羊和斑马还是会在狮子的眼皮底下吃草。它们一直小心谨慎、瞪大眼睛，以防狮子稍微露出一点儿要开始打猎的迹象，但是不会停下吃草的动作。一代代的自然选择已经达到了一种绝妙的平衡：既不会因为太胆小而没时间好好进食，又不会因为胆子太大而被吃掉。

不同基因在种群中所占比例发生着变化，而这些就构成了进化。一代一代下来，我们局外人看到的便是身体构造和行为方式的变化，但实际上发生的事情是有的基因在种群中变多了，而有的变少了。基因在种群中数量的多少，带来身体和行为上的变化。虽然这些变化并非都肉眼可察，但它们直接决定了基因是否可以存续。不仅仅猎豹和瞪羚、狮子和斑马是这样，变色龙和鱿鱼、袋鼠和鸮鹦鹉、水牛和蝴蝶、山毛榉和细菌，每种动植物和微生物都是如此——它们都包含有这样的基因，而这些基因从祖先开始便雷打不动地代代存续、一脉相承。

不管是你、我、英国首相，还是你的猫，抑或是在你窗外唱歌的鸟儿，在回望自己的祖先之后，都可以骄傲地宣布：我们的祖先可没有年幼夭折的。许多个体生命年幼夭折，但它们没有成为我们的祖先。在至少生下一个孩子之前，你的列祖列宗里面没有哪一个摔下了山崖，或是丧命狮口，又或是患癌去世。当然，我们很容易会这么联想，但这一点真的非常非常重要。这意味着：我们当中的每一个个体都包含有精于生存繁衍、子孙满堂的基因。每一个动物、每一株植物、每一个真菌和细菌、世界上 70 亿人中的每一个皆是如此。

至于具体是什么让每个物种成为生存界的好手，那我要说安身立命之道千差万别。对于猎豹来说，靠的是冲刺。对于狼来说，靠的是长距离奔跑。对于草来说，则不但要擅长吸收阳光，而且得有法子不轻易被奶牛啃掉或者被锄草机裁掉。对于奶牛来说，得能好好消化吃下去的草。对于老鹰来说，需要一边盘旋，一边定位猎物。对于鼹鼠、食蚁兽来说，它们得是打洞好手。对于所有生物来说，能把账算平都是关键，都还得做好很多很多事情。每种生物都得让自己身体的每个角落缝隙通力合作，全身几十亿个细胞一个也不能落下。不同生物的差别很大，但是有个共同点：它们都善于把基因遗传到未来的子子孙孙身上，把基因里的安身立命之道传下去，并代代相继。大家的具体操作不同，但都是在做同样的事情：活下去，把基因传下去。

跟佩利所说的表一样，眼睛或是其他复杂的器官像石头那样碰巧产生的概率简直是太小了。这点我们同意。拿人眼这样的绝妙视觉设备来说，它不可能自己就一下子形成了。因为概率太小了，就跟抛100枚硬币全部正面朝上一样。但是，构造绝妙的眼睛可以是从稍微次一点儿的眼睛随机变来的。然后，那稍微次一点儿的眼睛可以是从再稍微次一点儿的眼睛变来的。以此类推，可以一直追溯到相当差劲的眼睛那儿。但就算是非常非常差劲的眼睛，也比压根儿没有眼睛要好，因为那种眼睛可能还是能分辨出白天黑夜，没准还能隐约察觉到捕食者的影子的。除了眼睛之外，四肢、心脏、舌头、羽毛、血液、毛发、树叶的产生都是同样的道理。不管多么复杂，不管多么不可能（和佩利说的表一样不可能），生物界的一切现在都可以理解了。不管你看到的是什么，它都不可能一下子就形成了。取而代之的解释是，它是因为和前代有一点点不同而形成的。当你看着事情一路渐渐发展的时候，当你看着它悄无声息、一小步一小步到来的时候，“不大可能”就一点点消解了。每一步带来的变化实在很小，而且，当第一步迈出的时候，它所带来的后果可能丝毫谈不上有多好。

不大可能发生的事情不会突然出现在世上。就像我前面说的，这就是“不大可能”这个词的意思。关于表，佩利有一点说得对：它不可能自己就蹦出来了，得由钟表匠来造。钟表匠也一样，他们不会自己蹦出来。他们出生时是构造复杂的婴儿，从婴儿长成了成年人。他们拥有双手和大脑以及学习的能力，比如说学做表。人类的双手和大脑渐渐由类人猿的双手和大脑演化而来。类人猿又由猴子之类的祖先进化而来。而它们继而由鼩鼱[①]一类的祖先经过一系列演变进化而成。这中间进化的过程极其缓慢，慢得让人觉得痛苦。在那之前是鱼类祖先，以此类推。进化的过程都是这样渐进的、缓慢的，从来不是突然发生的，从来不会像突然出现的表一样一蹴而就，显得“不大可能”。

如同表的产生需要一个解释，造物主也需要一个说辞。

---

① 已知体型最小的哺乳动物，体重不到5克，外貌酷似老鼠。

有道理可以解释钟表匠的诞生：他们由女人生下来，而在那之前，一长串的列祖列宗经历了一段缓慢的渐进演化。所有的生物都是同样的道理。所以，上帝从哪儿开始不见踪影了呢？他可是人们说的万物的造物主呀。如果你没有费劲思考，那么面对不大可能的事情时，上帝似乎就是个不错的说辞。比如，可以用他来解释变色龙、猎豹以及钟表匠的存在。但是，如果你再多想想，你就会发现：比起佩利的表，上帝本身更加不大可能出现。不管是什么，只要它聪明复杂到可以设计万物的程度，那它降临到这个宇宙中的时间都早不了。不断超越前代的简单存在，过程绵长缓慢。而复杂如钟表匠这样的存在自然是这一过程的终极产物。佩利认为他关于钟表匠的论据建构起了上帝存在的学说。但是，如果正确理解的话，这一论据得出的结论恰恰相反——它证明了上帝并不存在。佩利侃侃而谈、似乎言之有理，可他并不知道这是搬起石头砸自己的脚。

第九章

晶体和拼图游戏

让我们回头看看佩利会吏长所举的那个钟表的例子。我们再仔细看看钟表和他说的石头有什么不一样。这两样东西你都可以拿来做拼凑实验。如果你拿起特定的一块石头，再给它拼拼拆拆搞上一千回，再想拼出一模一样的石头，那也得撞了大运才行。所以你可能要说造出一块石头跟做一块表一样是个小概率事件了。但是，一堆随便丁零当啷敲出来的石头到底还是石头，它们当中没有哪块有什么出众之处。但钟表就不是这么回事了，你拿一堆做表的零件拼上一千次，会有一千种随机的组合，而这其中只有一种能计时或者有什么别的用处，（除非你的随意拼接真的运气很好！）这些随便拼出来的表也不会好看。这就是钟表与石头之间的关键区别。两种的产生都是小概率事件，都是不同部件的特定组合，都不会单纯凭运气横空出世。但是那块特定的表和其他的组合相比就是特别的存在。更有意思的是，一块表之所以能和其他所有的随意拼接相区别，是因为它有用武之地，它可以报时。石头就没有这样的特性。想要从成千上万随意拼接的石头里面挑出特定的一块来，就有点儿困难了，因为它们都仅仅是石头。而成千上万种组合零件的方法里，只有一种可以造出一块表，唯有这块表可以报时。

现在再想象一下，你和阿奇迪肯·佩利一起穿过荒野。你一不小心踢到下面这个东西：

你现在会乐意说这玩意儿跟佩利的石头一样是自然而然形成的吗？我想不会，我想你很可能会认为这是某个设计师或者艺术家的作品。佩利肯定也这么觉得。要是把它放在一个豪华画廊里，它不会显得格格不入，对吧？像是某个著名雕塑家手工制作的艺术珍品。这个闪闪发光的立方体貌似构造完美。把它们镶嵌在粗粝的石头基座上，显得艺术品位十足。而对我来说，当我发现这些精美的物件并非由人手工打造的时候，我也觉得非常出乎意料。它们也是自然而然形成的，跟佩利的石头并无二致。它们也的的确确是一种石头。

它们是晶体。晶体是自发形成的，有的还长成了精确的几何形状。这些形状看上去简直就像是由艺术家做出来的。上面看到的是二硫化铁的晶体。很多其他由化学成分自发形成的晶体也同样造型美丽。有些实在是太美了，比如钻石、红宝石、蓝宝石、绿宝石，它们售价不菲，人们把它们做成项链或者戒指。

我重申一遍：如此美丽的二硫化铁“雕塑”不是谁刻出来的，它是自然而然形成的，晶体都是这样的。二硫化铁的晶体被称作黄铁矿。因为它善良的颜色，它又被称作“愚人金”。有人挖到它们，傻乎乎地以为这是货真价实的黄金。在开心地手舞足蹈一番之后，希望却被现实无情地冲垮。

晶体外观美丽，还有着精确的几何造型。这是因为它们的形状直接来自原子的排列组合方式。水在足够冷的时候就会结晶为冰。冰晶里的分子都是整齐排列，就像正在接受检阅的士兵一样。只不过，就算很小的一块冰晶里面，士兵的数量也得数以亿计。它们层层堆积，再向各个方向延伸，一直延伸出去很远。和士兵列队不一样的是，这里的“各个方向”还包括往上和往下。分子的这种三维立体式列阵叫作分子晶格（lattice）。钻石和其他宝石都是晶体，它们也都有各自的晶格类型。岩块、石头和沙子也都是晶体，不过这些晶体常常比较小，而且会裹在一起，不是很容易看出来它们其实是一个个单独的晶体。

晶体的形成还有另外一种途径：物质溶解在液体中（通常是水），在液体蒸发之后，便有了结晶。用普通的氯化钠食盐就很容易做实验。取一勺食盐将之溶解于水并煮沸，然后把溶液置于广口浅底的盘子中使其蒸发。几天之后，你会发现水里又形成了新的盐结晶。普通食盐的晶体像是黄铁矿那样的立方体，或是立方体组成的更大的结构，看上去就像是四方形的金字塔（也叫“金字形神塔”[①]）。实际上，在原子尺度上发生的是钠原子和氯原子认出了对方，再彼此抓紧胳膊。这个“胳膊”的学名就是“化学键”。（在这个例子里面，严格地说其实它们不是原子。它们是离子，钠离子和氯离子，但是这点儿区别在这儿不重要。）现在我们看看晶体是如何越变越大的。尚在水中四处漂流的钠离子和氯离子刚好碰上了已经形成的晶体。它们识别出已经存在于晶体边缘的钠离子

① Ziggurat，两河流域苏美尔人、巴比伦人、亚述人等建造的金字塔形建筑。由多层正方形的平台构成，自下而上面积逐渐减小，顶部平坦。

和氯离子，然后就勾搭上了。这也是为什么晶体能越变越大。之所以普通食盐的晶体呈现出四四方方的形状，是因为这些离子的“胳膊”彼此形成直角。因为“接受检阅的士兵”组成的纵列彼此之间形成直角，晶体也有了这样的形状。并非所有的晶体都是方形的，你很可能已经猜到了为什么如此。它们的“胳膊”指向的角度不是直角，所以“接受检阅的士兵”也根据这样的角度列队。萤石晶体因此是个八面体。

晶体可以是大个儿的单体石头。它们有着像立方体、八面体这样优美的几何造型。但有的时候小的晶体彼此连接，从而形成了更为复杂的形状。这些小的建筑模块造型复杂，在每个模块内部，它的构造都已经违背了“士兵检阅场”的基础，但“建筑”也会显得更加煞费苦心。雪花就是一个例子。你可能读过这样一句话：没有两片相同的雪花。在水结成的冰里，士兵有6条“胳膊”，每个小小的冰晶自然也是六边形的。但是一个小小的晶体并非就是一片雪花。雪花是一座“建筑”，它是由许许多多六边形的“砖头”砌起来的。你会注意到这样的六边形设计不仅体现在“建筑”的形状上，而且体现在每块“砖头”的形状上。每一片雪花都是六方对称结构（下面的插图给了几个例子），但是彼此又都不同。很多雪花都非常漂亮。

为什么每片雪花都是独一无二的呢？这个问题值得认真思考。原因在于每一片雪花的形成历史都不一样。盐晶体是在液体中从边缘处逐渐生长的，而雪花不是这样的。当它们从水蒸气构成的云层落下时，不断有小的冰晶体加盖到“建筑”上，雪花也才因此从边缘处逐渐生长。晶体的生长有两种不同的方式。在雪花形成的这种方式里，起主导作用的决定因素是每一片云朵中的“微气候”——云朵里有多冷、多湿。同一片云朵里的微气候也是千差万别的，温湿度都是忽高忽低的。当每一片雪花自上而下穿过云层的时候，它一路上经历的微气候多种多样，温湿度瞬息万变，这也使得每一片雪花的形成模式与众不同。所以，每座“建筑”的搭建方法也互不相同，每片雪花的形状也就独一无二。这就像是瞬息万变的历史留下的一个个指纹。①

那又是什么让它们如此美丽呢？就像万花筒里看到的图像一样，它们都是对称的。所有雪花的六条边、六个角、六

① 我能够理解雪花的形成，这要多亏了布莱恩·考克斯（Brian Cox）的佳作《自然的力量》（*Forces of Nature*，London，Collins，2018）。——作者注

个顶点或者六组顶点都是对称的。为什么它们是对称的呢？因为它们太小了，而在“建筑”建构起来的过程中，所有的构件都经历过同样的温湿度变化。这些变化构成了雪花形成的模式，也记录了它的历史。顺便说一句，虽然每片雪花都独一无二，但是有的雪花比起别的来会显得不那么漂亮。这本书里画的都是漂亮的那种。

要不是我们已经搞清楚状况了，我们真的会想：“哦！看哪。雪花多漂亮啊，而且每一片都不一样的。它们一定是哪个天才造物主设计出来的。造物主的灵感真是永不枯竭啊，能想得出那么多种不同的设计方案。”但是，正如我们刚才看到的，雪花和其他漂亮的晶体都更像是佩利所说的石头，而非他所说的钟表。雪花为何如此美丽，为何拥有如此复杂的对称，为何每片独一无二，对于这些问题科学，我们都有了完整而全面的解释。跟佩利的石头一样，雪花也是“自然而然形成的”。当分子或是什么物质自己形成了像这样的特定形状时，当它们“自然而然形成”时，我们便称之为“自组装”，想来名副其实。在生物界，自组装很重要，我们后面很快会看到这一点。本章谈的就是生命体的自组装。

说到生物体的自组装，我有一个压箱底的例子，那就是本章章扉插图里所画的，一种叫作 λ 噬菌体（lambda bacteriophage）的病毒。所有病毒都需要可以寄生的宿主，而如同“噬菌体”这个名字所表现的那样，这种病毒是要攻击细菌的。说它长得像一台月球登陆车，我想你不会有异议。

它的表现也和登陆车差不多。噬菌体“着陆”在细菌表面，“腿”牢牢站稳。然后它在细菌的细胞壁上打个洞，再通过中间的“尾巴”把自己的遗传物质 DNA 注射进去。或许更应该称这个“尾巴”为“皮下注射器”。细菌内部的运行机制区分不了 DNA 是病毒的还是自己的。除了遵循编码于病毒 DNA 里的指令之外，细菌没什么别的选择。这个指令要求它再制造出一大波病毒。它们数量爆棚，然后登陆更多的细菌表面并将其感染。不过既然是写在这一章里，借这个病毒的例子要谈的话题会很有意思：它的“身体”是像单个晶体或者晶体组那样自组装起来的。它的头部真的像是可以戴在脖子上的水晶（只不过它实在太小了），其他部分就跟晶体一样自行组装——游弋于细菌内部的分子并入已经形成的晶体当中。

谈到晶体的时候，我用了“接受检阅的士兵”和“抓紧的胳膊”这样的比喻。现在我们要用稍微不同的比喻了——拼图游戏。你会觉得一个正在生长的晶体就是一幅未完成的拼图。新的拼块不断加在边缘处，而拼图也就此由中间向四周扩散。晶体就和这挺像的。但是，和铺在桌子上的平面拼图不一样的是，晶体是立体的拼图。

在一幅未完成的拼图周围，几千个拼图块漂在液体中。这可能就是漂在水里的钠离子和氯离子。每当漂流者撞上了晶体，它都能找到形状刚好的缺口，然后拼进去。所以，这就描画出了晶体从边缘处生长的另一种方式。现在，我们要用拼图的比喻来谈谈生命体中发生了什么，然后来重点看看

“酶”的例子。

你还记得第七章里关于细胞内部化学反应的那张图表吗？那张巨大的图表里各种箭头方块错综复杂，就跟一堆意大利面搅在一起似的。你可能要说了：一个细胞的空间那么小，这么多种不同的化学反应怎么能同时进行呢？而且还没有混淆？你要是走进一个化学实验室，把架子上的瓶子拿空，再同时倒进一个大缸里，想想会怎样。你会搞得一团糟，而且过程和结果挺可怕的。没准你会开启一系列恐怖的化学反应，甚至是爆炸。但是，出于某种原因，在生物体的细胞当中，多种不同的化学反应可以独立进行，彼此互不干扰。它们怎么就没有全都在一起发生反应呢？就好像每个反应都是在一个单独的瓶子里进行的。但事实上并不是，那究竟是怎么回事？

部分原因在于细胞的内部并不是一个大缸。它的内部拥有复杂的细胞膜系统，而这些细胞膜充当了试管玻璃壁。但这还不是故事的全貌。细胞里发生的故事还有更有意思的。这时，酶就该登场了。酶属于催化剂。催化剂指的是自己不发生变化，但是能加速化学反应的物质，它就是一种帮助化学反应速战速决的微型实验室助手。催化剂有时候会让化学反应快上几百万倍，酶便是其中的高手。除非催化剂登场，否则这些混在一起的化学物质是几乎不会发生反应的。每种反应都需要特定的催化剂。只有在需要的时候，随着酶的加入，某种特定的反应才会被开启。你大概会觉得酶就是一个开关，一会儿开一会儿关，就跟电闸一样。只有细胞里出现了特定的酶，特定的化学反应才会发生。更精妙的是，酶还可以“打开”别的酶。打开一种酶（或者关闭一种酶）的时候，就能打开另一种酶。你看看，一个极为精妙的控制系统就这样被建立起来了。

关于酶是怎么工作的，我们现在至少知道了大概。这也是拼图游戏的比喻的由来。想象一下细胞里的情形，成百上千的分子像拼图块一样“嗖嗖”地飞来飞去。X 分子需要找到 Y 分子，这样就可以合体形成 XY 分子。在第七章那个像意大利面一样错综复杂的图表里，有几百种至关重要的化学反应，而 X 分子和 Y 分子的联姻就是其中的一种。X 分子有机会能碰巧撞上 Y 分子，但是，它不但要撞上还要正好以适当的角度拼进去从而合二为一，这机会就要小一些了。这发生的概率太小了，所以 XY 分子形成的速度实在太慢了，慢得像是不可能发生。（这让我想起来自己 7 岁的时候。学校给我的第一份成绩单上这么写着：“对道金斯来说，他的速度只有三种——慢、很慢、不动了。”）但是，有一种酶的作用就是提高 X 分子和 Y 分子结合的速度的。在酶的例子里，仅仅用“提速”一词算是很谦虚了。我再说一遍，这整个过程跟拼图游戏遵循的是同一个原则。

酶分子是个体型巨大且构造复杂的肿块，其表面有的地方鼓鼓囊囊，有的地方又布满缝隙。我说“巨大”是针对分子的标准来说的。要是按我们日常生活里的标准，它可就太小了，小到连通过光学显微镜都看不见。让我们来看看这个例子，看看酶是怎么加速X分子和Y分子之间的化学反应的。在这个酶分子布满缝隙的表面上，适合X分子的坑洞就跟适合Y分子的坑洞挨在一块儿。因此它尤其擅长加速X分子和Y分子的结合，而这也是为什么它能被称作“实验室里的好助手”。X分子像拼图块一样掉进了适合它的坑洞里。然后，Y分子也像拼图块一样掉进了适合它的坑洞里。这两个坑洞门当户对，紧挨着。正因为如此，X分子和Y分子找到了合适到不能再合适的角度。它们互相依偎，合二为一。于是，新形成的XY分子跳出去了，它浮游于细胞当中，把原先的两个坑洞让了出来。这两个坑洞形状刚好，又可以再找新的X分子和Y分子开始工作。所以，酶不仅仅可以被看作实验室助手，而且还是台工厂机器。用X分子和Y分子做原材料，它可以稳定地用流水线大批量生产XY分子。而且，在同一个细胞中、在身体其他各处的细胞中，还有很多其他种类的酶。每一种酶都形状精巧，表面上的“缝隙”和“凹陷”都刚好可以用来加速其他化学反应。我必须强调一点，即在用“缝隙”“形状”这些词的时候，我其实是过于简单化处理了。但我会坚持这么说，因为这样有助于说明这一章的主旨。“形状”不仅仅指的是物理的形状，而且还包括化学亲和力。

酶有好几百种，形态各异，每一种形态针对不同的化学反应。但是，在大多数细胞当中，只存在一种或是几种可用的酶。为什么细胞里的化学反应不是一股脑发生的？为什么彼此互不干扰？要解开这个谜团，酶是主要的答案，尽管它不是唯一的答案。

酶分子听上去就跟有了魔法一样。猎豹造型优美的四肢是为了跑得更快，同理，酶也要做到造型优美，因为这样可以加速特定的化学反应。一种酶对应的是一种化学反应，那它们优美的造型是哪儿来的呢？是哪个如有神助的分子雕塑家雕刻出来的吗？不是。它们之所以能成形，是拜一种更复杂的晶体生长方式所赐。但它依然是自组装。

每个蛋白质分子都由一连串小的氨基酸分子构成。氨基酸的种类很多，但是在生物体中只发现了 20 种。我当然可以把它们的名字一一写出来，但现在还是不要纠结于这些细节了。在这里，我们需要知道有 20 种氨基酸就够了。每个蛋白质分子就像一串氨基酸珠子组成的项链（是扣环打开的项链，不是闭环的那种）。蛋白质之间的区别取决于这些珠子具体的排列顺序。所有的蛋白质都出自这 20 种氨基酸库里，也就是说，组成项链的珠子有 20 种。

你还记得盐晶体是如何生长的例子吧。当漂浮在水里的拼图块在晶体边缘认出了“对应物”的时候，它们就会把自己拼进去。那好，不妨把蛋白质项链中的珠子也想象成拼图块，而拼图块有 20 种。有的拼图块会和同一个串上其他的拼图块凑到一起，这种自我拼图的现象会在同一个串上好几个地方发生，结果就是把这串项链折成了特别的形状，就像是一根绳子自己拧成了特定形状的结。

我前面把酶分子描述成构造复杂的肿块，其表面有的地方鼓鼓囊囊，有的地方又布满缝隙。这听上去不像是一个串，对吧？但它就是一个串。实际状况是这样的：任何一串氨基酸都会趋向于把自己折成一个特定的立体形状，就像是把自己拧成一个结。这个串把自己组装成盘根错节的形状，也就成了“鼓鼓囊囊又布满缝隙的肿块”。这个串里的连接处又被同一个串里其他的连接处吸引，像拼图一样黏在了一起。而这种连接方式确保了每一种特定的氨基酸串每次都能把自己折叠成一样的形状，一样的鼓鼓囊囊、一样的布满缝隙。

事实上也不尽然，而这种例外其实很有意思。有的串会在两种打结方式里面选一种。这一点非常重要。但是，鉴于这一章已经讲得够复杂了，我准备先把这一点放一放。为了说明问题，我们可以把每个蛋白质分子想象成一串氨基酸拼图块。这个串会自己折叠成一个非常特别的形状。形状至关重要，而它是由氨基酸的排列顺序决定的。按照拼图的原理，同一个串里不同氨基酸之间进行组合，而它们趋向于如何拼接也决定了最终这个串是什么样子。

这里我忍不住要讲一个小故事，可能有点儿跑题。但既然谈到了拼图的比喻，这个故事会给我们一些有意思的启示。这是关于我们嗅觉的故事。想象一朵玫瑰的气味，或者蜂蜜、洋葱、苹果、草莓、鱼、雪茄、浑浊的沼泽地的气味。每样东西都闻起来不一样。无论是美的还是丑的、呛人的烟味还是四溢的果香、芬芳弥漫还是臭味扑鼻，你都不会弄错。空气里的分子是怎么带着气味到我们鼻腔里来的呢？这些气味又是怎么产生的呢？还是可以用拼图的原理来回答。你的鼻腔内壁有几千种不同形状的分子裂缝，而每一种裂缝都等着形状刚好合适的分子塞进来。拿含丙酮的卸甲油来打比方。它的分子舒舒服服地塞进了丙酮分子形状的裂缝里，就跟拼图游戏一样。这时候，丙酮分子形状的裂缝就会给大脑发出信号："我们的分子同类已经塞进来了。"大脑"明白"这个发出信号的裂缝就是那个有着丙酮分子形状的，所以它就要"思考"了：啊哈，这就是卸甲油啊。与丙酮只有一种分子不同，玫瑰的气味、上等陈酿的气味都是不同分子的复杂混合体。但道理都是一样的，起作用的都是分子拼图原理。

言归正传。蛋白质的"结"又是鼓鼓囊囊，又是布满缝隙。在它的形成过程中，我们已经看到是氨基酸"项链"通过"自组装的拼图"在起作用。反过来，我们也看到了这些裂缝是怎么让蛋白质充当酶这个角色的。这些酶加速特定的化学反应，而且往往得等它累积到一定量，反应才能开始。在一个细胞中，时时刻刻都可能发生许许多多的化学反应。参与反应的要素都在那儿，就等着反应发生。而所有的反应又都要求有合适的酶。细胞里存在有各种各样的酶，但只有一种或几种是反应所需要的。哪种酶可以登场显得尤其重要，因为这决定了细胞可以干些什么。实际上，酶的种类也定义了细胞姓甚名谁。

所以，你现在肯定要问自己这样一个问题了：在任意的一串酶项链里面，是什么决定了氨基酸的排列顺序呢？一个个肿块怎么就能自己折叠成链条呢？显然，这个问题特别关键，因为它是很多其他现象的基础。

答案是：遗传分子 DNA（脱氧核糖核酸）。这个答案太重要了，无论我怎么夸它重要性也不为过。这也是为什么我要把它单独放在一段里。

和蛋白质分子一样，DNA 也是一个链条，与由拼图串成的项链相似。但是这项链上的珠子不是氨基酸，而是名为核碱基（nucleotide bases）的化学物质。而且，核碱基没有 20 种之多，它只有 4 种。它们的名字可以简化为 A、T、C 和 G。T 这块拼图只会跟 A 配对（A 也只会跟 T 配对），C 这块拼图只会跟 G 配对（G 也只会跟 C 配对）。一个 DNA 分子是一条很长的链条，比蛋白质分子长得多。与蛋白质分子不同，DNA 分子不会把自己扭成一个“结”，而是一直呈现长链条的状态——事实上是两条拼接在一起的链条。它们的连接方式就像那种造型优雅的旋转楼梯。楼梯的每个“台阶”都是一对拼接在一起的碱基，所以只会有四种台阶存在：

A-T

T-A

C-G

G-C

碱基的排列顺序包含有信息，这就跟电脑光盘一样，道理几乎相同。这些信息应用在什么地方呢？它有两个截然不同的应用领域，一种是遗传，另一种是形成胚胎。

从遗传上来说，对这些信息的使用办法就是拷贝。这架楼梯算得上是构造复杂的拼图，但当细胞分裂时整个楼梯都会被拷贝。而形成胚胎的过程就比较让人称奇了。编码信息是以三联体（triplet）的形式被读取的，也就是每次读取三个。这样，就有了64（4的三次方）种可能的三联体。而当中的每一种三联体要么被“翻译”成标点符号，要么被“翻译”成20种氨基酸中的一种，从而参与形成蛋白质分子链。当我前面说“读取”的时候，当然没有人真的在那儿读。同样，这还是像拼图原理那样自行发生的。我很乐意谈谈当中的细节，但这并不是本书的主旨。在拉伸的DNA结构中，四种碱基的顺序被三个三个地读取，而这也决定了蛋白质分子链中20种氨基酸的排列。要搞清楚我们的问题，这些才是关键。而氨基酸的排列方式又决定了蛋白质分子链如何卷成一个“结”。酶如何工作又取决于“结”的形状、“裂缝”的形状等等，继而又会决定细胞里发生怎样的化学反应。发生什么化学反应定义了细胞的种类以及它表现的状态。最终，胚胎里多个细胞分工合作，它们的集体表现决定了胚胎怎么发育、如何变成婴儿。而这可能才是所有环节中最不可思议的。所以说，我们从一个单细胞长成了婴儿，再长成了我们现在的样子，归根到底是DNA在起决定作用。这也是下一章的主题。

第十章

自下而上还是自上而下

霍尔丹算得上是20世纪的伟大科学家和传奇人物。有一次，他做了场演讲。结束之后，有位女士站起来说了这样一番话：

> 霍尔丹教授，就算你说生物进化花了几十亿年的时间，我还是不能相信一个单细胞就能长成复杂的人体。人体的骨骼、肌肉、神经、几十年泵血不止的心脏、加起来有好几万英里长的血管和肾小管，还有会思考、懂语言、能感知的大脑，这些可是由几万亿个细胞组成的啊！

霍尔丹给了精彩的回答，他说："可是，女士，这全都是您自己实现的。您完成这个壮举只用了9个月呀！"

那位女士其实还可以接着反驳的："对。不过我长成婴儿的 9 个月都是由我父母给我的 DNA 操纵的，我可用不着从一张白纸开始。”当然，她这么说没有错。而且，她父母的 DNA 又是从自己的父母那儿遗传来的，以此可以一代代往上推。在这几十亿年的时间里，DNA 逐步建立起了对于婴儿形成的指导机制。指导的水平不断精进、不断提高，一切都得拜自然选择所赐。有利于产生后代的基因代代相传，而不利于产生后代的基因就成了牺牲品。后代是具体样子则一直在变。历经几百万代，循序渐进，缓慢变化。

有一首很迷人的赞美诗《万物有灵且美》，可能你听说过。它赞美上帝创造了那么多精致而又美好的事物，特别是那么多的生灵。

上帝给了它们斑斓的色彩，
上帝给了它们小小的翅膀。

不过，就算你觉得上帝能跟创造动物扯上什么关系的话，你也会发现他没有直接参与创造这斑斓的色彩和翅膀，无论后者是什么大小。翅膀也好，斑斓的色彩也罢，或是其他构成生命体的点点滴滴，它们从单个细胞开始焕发的新生都是通过胚胎发育的过程来完成的。DNA 通过酶来指导胚胎的发育，具体操作的过程我们在前面一章已经看到。倘若斑斓的色彩真的为上帝所创造，小小的翅膀真的由上帝来制作，那他也只能通过操纵胚胎的发育来达成。现在，如我们所知的，这意味着需要操纵DNA。根据我们在第九章勾勒出的路径，他还得操纵蛋白质，以此类推。那么，如果是自然选择用非直接的方式涂上斑斓的色彩，或者也是自然选择造出了这些小小的翅膀呢？那自然选择也需要通过DNA才能做到，事实上也的确如此。DNA指导着身体的发育，而它自身也一代代地被自然选择牵着走。所以，自然选择对于身体发育的指导就是这样通过非直接的方式来进行的。

你可能听过这样一种说法：DNA为身体绘制了“蓝图”。但这种说法大错特错。造房子、造汽车需要有经过设计的蓝图作为指导，婴儿诞生的过程中可没有蓝图供参考。房子、汽车是设计出来的，而婴儿不是，但它们中间的不同却完全不是这个层面上的。它们有更深层次的区别。房子、汽车的各个角落和设计图纸上画的每个细节一一对应。拿造房子来说，房子里面挨着的部分对应到图纸上也是挨着的。如果房子的图纸弄丢了，你只需要再仔细把房子测量一遍，就还能按比例在纸上再画一张。我刚刚就给自己的房子来了这么一出。一位男士带了一把激光枪（激光测量仪）来我家把每个房间都量了个遍，然后花了几个小时就把完整的图纸画出来了。这足够拿去盖一栋跟我家一模一样的房子了。

但是这对婴儿不适用。DNA的“蓝图”和婴儿没有一一对应的点。虽然从理论上来说有这种可能，因为这也不是完全没有常识的想法。就拿我的房子来说吧，只有对每个房间进行仔细测量，才能基于此进行重建。测量图纸可以数字化存在电脑里。现代的遗传学实验室可以把任何计算机信息进行 DNA 编码，这也包括我的房子的建造方案的电子版。你可以把这组 DNA 放进试管再送到别的遗传学实验室里去，比如送去日本。在那里，研究人员可以读取 DNA，再打印出一模一样的图纸。我的“房子”的翻版就能在日本建起来了。可能在别的星球上会发生这样的事情：为了把父母的基因信息传输到孩子身上，先对父母的身体进行“扫描”，再做成图纸，然后数字化成 DNA（或者别的星球上可以跟 DNA 对等的东西），接着扫描、建造下一代的身体。但是，这么荒唐的事情在我们的星球上是没有的。不瞒你说，我觉得这种东西在任何星球上都不会有。原因有好几个，其中的一个是：对父母的身体进行扫描，免不了把伤疤和断腿加以复制，这样的话，祖祖辈辈的累累伤痕或是残疾就得代代积攒了。

DNA 是数字代码，就跟计算机代码一样，这没错。DNA 把数字信息从父母传输到子女身上，再代代相传，这也没错。但要说信息传输是个蓝图，那就错了。对于婴儿来说，DNA 哪门子的图纸也算不上。婴儿不是父母的扫描件。遗传学实验室能读得出这些信息，但打印不出一个婴儿。要想把人类 DNA 信息变成婴儿，唯一的办法就是把 DNA 放进女性的体内。

如果对婴儿来说，DNA 不是“蓝图”，那它是什么？它是一组指令，指导婴儿怎么建构起来的指令。这就是另一码事了。它更像是制作蛋糕的配方，或者像是电脑程序。程序接到的指令就是按部就班，听话工作：先做这个，再干那个；如果这样这样都为真，那就怎样怎样……否则就怎样怎样……就这样，成千上万的指令接踵而至。电脑程序就像是长长的食谱，因分岔点的存在而复杂。食谱就像是简化的程序，也就是差不多十几个步骤。食谱的顺序是不可逆的，这跟造房子和造汽车不一样。你不可能拿一块蛋糕，然后测量一下就知道它是怎么做出来的。你也做不到仅仅看看运行结果就能重建它的程序代码。

这种造房子的方式就叫作“自上而下”（top down）。这里说的“上”，是指建筑师的方案位于顶层。建筑师画出一系列精确的方案图：每个房间的精确尺寸、每堵墙材料和施工方式、水管和电线怎么走、每扇门窗的准确位置、每个带烟囱的壁炉以及壁炉上面的过梁具体怎么放。这些方案传达给瓦工、木匠、水管工，他们按章办事，丝毫不差地执行方案。这就是自上而下的建造方式。是建筑师，或者说是建筑师的设计图自上而下指导整个过程。这就是所谓的“蓝图构建”（blueprint building）。

自下而上（bottom up）的建造方式就很不一样了。我觉得蚁丘是个再好不过的例子。看看图 10 你就会被震撼到。为了说明自上而下和自下而上两种设计方式的区别，以及它们之间可能的相似之处、复杂程度、呈现的结果等等，丹尼尔·丹尼特曾经做了这个精妙的比较。右边的那张插图是圣家堂，这座漂亮的教堂位于巴塞罗那。左边的是蚁丘，照片由菲奥娜·斯图尔特（Fiona Stewart）在澳大利亚的铁山国家公园（Iron Range National Park）拍摄。它是由一群白蚁用泥巴建造的巢穴，实际上巢穴的大部分位于地表以下。地表上“教堂”一样的部分是一组构造精巧的烟囱，为的是让位于地下的部分通风散热。

它们之间的相似之处让人有点儿毛骨悚然。巴塞罗那的教堂是设计出来的，直到最后的细节，所有的建造过程都是根据图纸来的。它的设计者是加泰罗尼亚著名建筑师安东尼奥·高迪（Antoni Gaudí，1852—1926）。蚁丘可没什么人或者东西参与设计，连 DNA 也没有掺和它的建造。建造它的时候，单个工蚁只是遵循简单的规则。没有哪只白蚁知道蚁丘应该是什么样的，连一点儿概念都没有。没有哪只白蚁的脑子或者 DNA 里自带泥巴教堂的照片或者设计图样。建造蚁丘一无照片，二没蓝图，三缺设计稿，上哪儿也找不到这些东西。每只白蚁就自顾自地遵循一些简单的规则，既不知道其他白蚁在干什么，又搞不清楚最后建起来的大厦会是个什么样子。

我不知道这些具体规则是什么。不过，既然说的是简单的规则，无非就是这一类：“如果你路过一个尖尖的泥巴堆，就往上再加点儿泥巴好了。”群居性昆虫都会用化学物质作为自己重要的通信系统——这种加载了信息的气味被称作信息素（pheromones）。所以，为了建起一座高塔，单个白蚁所要遵循的规则可能就有赖于信息素了，比如某片砖瓦闻起来有没有这种或那种信息素的味道。个体都服从于简单的规则，而一旦呈现出有“设计”的样子，那么它就可以称作“自下而上”。和“自上而下”的设计相反，这种设计里根本就没有总体计划的影子。

说到“自下而上设计”，图 11 里面是另一个相关且美观例子：一大群正在冬季迁徙的椋鸟。这个例子里，被“设计”的是椋鸟的行为。不再是造房子了，而是一种空中芭蕾。所以，我不说“这里没有建筑师设计”了。我要说“这里没有编舞指导”。它们为什么会这样，没有人确切地知道。不过，当夜幕降临的时候，一大群鸟儿就会聚拢而来。这一大群可是有数千只之多。它们一起高速飞行，而又协调精准，不会互相撞上。它们一起盘旋，一起掉头，就像是在遵照头鸟的指挥似的。椋鸟说是一群，动起来就跟一只动物似的。那只“动物”甚至有着清晰明确的边缘。你真该看看有关这等世上奇迹的片子。在 YouTube 上搜搜“冬季的椋鸟群”（Starling winter flocks）。

鸟儿一起盘旋、翱翔、俯冲。这个鸟类集团就像是一只体型庞大的动物。看到此情此景，你不禁会觉得一定存在某个大师级的空管员。或许有只发号施令的头鸟在用心灵感性跟其他同伴交流：“现在，左转。盘旋往上、转圈。现在要往右摆啦……”看上去完全是“自上而下”的。但其实不是。这里没有导演，没有指挥，没有建筑师，没有头鸟。现在我们也发觉：这么多鸟，每一只都在遵循自下而上的规则，而它们共同带来了自上而下的效果。同样，它们像是白蚁，但是行动得更快。它们所创造的不是泥巴教堂，而是空中芭蕾——没有编舞的空中芭蕾。

这种自下而上的力量，并没有编舞的功劳。一位聪明的程序员克莱格·雷诺兹（Craig Reynolds）将之完美复刻。他写了一个叫作人工生命（Boids）① 的程序，模仿的便是鸟群。你肯定以为雷诺兹给整个鸟群的动作模式都编好程序了吧。可他不是这么干的。要是这么干，那就是自上而下的程序了。相反，他的程序是自下而上工作的。他花了很多时间写一只鸟的程序，而遵照的规则差不多就是："盯好你旁边的鸟。你旁边的鸟怎么动你就怎么动。"让一只鸟坚决贯彻此条规则以后，他再把这只鸟"克隆"：他给这只鸟打造了几十个翻版，再把它们统统"放生到"电脑里。然后他就开始观察这群鸟的表现如何。这群人工生命跟真的鸟非常类似。图 12 则是更漂亮的电脑模拟。基于雷诺尔德的版本，吉尔·范塔乌扎（Jill Fantauzza）给旧金山科学探索博物馆编了这个程序。

这里的关键点在于雷诺兹没有从整个群组的层面编写程序。他是从单只鸟的层面来编程的。结果，整个鸟群就呈现出了某种行为。这种"自下而上"的编程模式和胚胎的工作原理一样，而胚胎中的每个细胞充当的就是鸟群中每只个体。胚胎发育中涉及很多的细胞"运动"。细胞膜、一层层的细

① 克莱格·雷诺兹，生于 1953 年，曾参与《电子世界争霸战》《蝙蝠侠归来》等电影的视觉团队。Boids 是他 1986 年写的程序。该词也是"Bird-oid objects"（类鸟群）的缩写。

胞组织随时发生折叠和凹陷。所以，我们在这里讨论的情况里既没有“编舞者”，也没有“建筑师”，这就跟飞行的椋鸟一样。

为了搞清楚 DNA 是如何让婴儿成形的，胚胎学家做了很多工作。当中的很多事情已经研究清楚了，但我在这儿不打算把细节展开，因为要说清楚需要一整本书的篇幅，而这并非本书的主旨。为了说明我们讨论的问题，我们只需要了解一点：胚胎发育这一使得婴儿成形的过程是“自下而上”的。如同蚁丘的搭建、鸟群的协调，这里并不存在什么图纸。相反，在正在发育的胚胎中，每个细胞都遵循自己的一套个体规则。这和建造泥巴教堂的单只白蚁或是鸟群中的单只椋鸟是一个道理。

我只打算稍微多讲一点儿。关于胚胎生命最初的形态，我们来略窥一二，这样就可以看得出“自下而上”的原则是如何起作用的。如你所知，受精卵是一个较大的单细胞。受精卵先是分裂成两个，再分裂成四个细胞。这四个细胞又分裂成了八个，以此类推。每次分裂之后，这些细胞加在一起的大小和一开始的受精卵一样，因为同样的物质分成了两份、四份、八份、十六份。这样就形成了一个实心的球形体。等到细胞数量有差不多一百个的时候，遵循它们“自下而上”的规则，细胞们就会形成一个中空的球形体。这个细胞球被称作囊胚（blastula）。我还要重申一遍，这个囊胚的大小和一开始的受精卵差不多。而这时候每个细胞已经非常小了，球形体的外围便是一圈细胞组成的外壁。

随着分裂接着进行，细胞的数量继续增加。但是，球形体并没有变大，而是囊胚外层的一部分开始向其中间凹陷。同样，每个细胞也都是各自遵循规则的。最终，因为凹陷的部分过深，球形体内就形成了两层细胞，而不是一层了。这样双层的球形体就被称作原肠胚（gastrula），而这一过程就叫作原肠胚形成（gastrulation）。

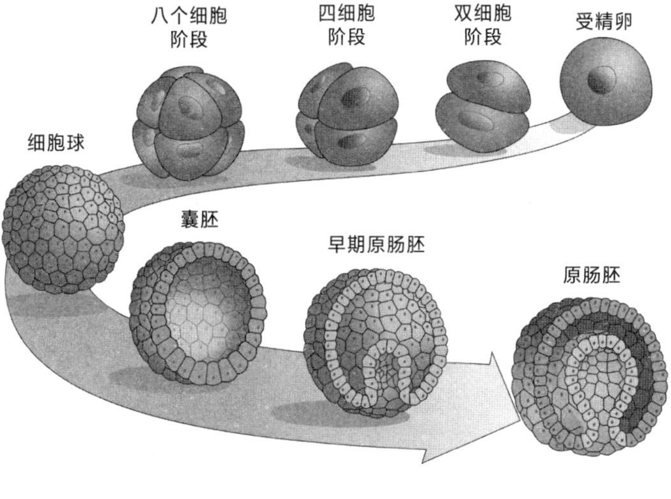

不可否认，原肠胚并不复杂。它怎么看也不像个婴儿。但我想你已经明白每个细胞是如何遵循“自下而上”的规则的了。它们各自为战，却通过不断扩张囊胚外层并使其凹陷，直至形成拥有双层细胞结构的原肠胚。继续这种自下而上的发育模式，胚胎里的细胞各自分头行动。正因为如此，胚胎的形状也开始发生改变，一步步呈现出婴儿的形状。

在原肠胚形成之后，还会发生一种类似的“凹陷”现象，即神经胚形成（neurulation）。在形成过程中，凹陷部分最终被夹断，形成中空的神经管。命中注定，神经管最后是要变成中枢神经的，也就是我们每个人后背里面那根沿着脊柱分布的神经。神经胚形成过程中的这种凹陷还是遵循自下而上的原则，单个细胞基于此原则各自工作。从右面的插图中可以看见神经管是怎么形成的。先是“凹陷”，然后凹陷的部分被“夹断”了。

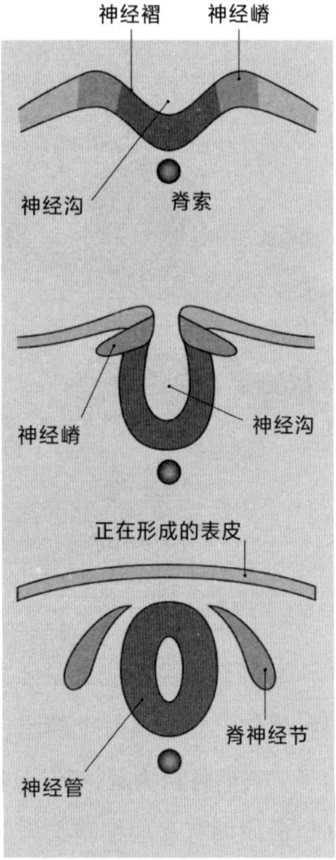

神经胚形成和原肠胚形成的细节不同，但是“自下而上”的个体规则是一样的。

你还记得克莱格·雷诺兹是怎么用电脑模拟飞行的鸟群的吧。在“人工生命”里，他仅仅是给单只人工鸟的行为写好了程序。他把这只鸟复制了很多份，然后把这么多鸟放在一起，看看它们的共同行为是什么样的。它们形成了一齐飞行、一齐盘旋的集群，就跟真的鸟儿一样。雷诺兹没有给整个群组编程，但当每只人工鸟都遵照自己的规则时，集体行为便会“自下而上”呈现出来。有位名叫乔治·欧斯特（George Oster）的数理生物学家做了同样的事情。不过他用的不是人工鸟，而是胚胎细胞。他编了一个程序模拟单个细胞的行为。生物学家对于单个细胞已知的诸多细节，他都在程序里加以借用。程序涉及的细节真的很复杂，因为细胞本来就是很复杂的东西。但关键的是这一点：就跟“人工生命”的程序一样，欧斯特并没有编出整个胚胎的程序，而只是编了单个细胞的。在细胞的行为当中，不断分裂是其中很重要的一种行为。但是细胞也会做很多其他的事情，欧斯特把它们一并写进了程序里。他让细胞分裂在电脑屏幕上进行，然后在一边等着看会发生什么。

随着分裂的进行，每个细胞都继承了一开始那个细胞的物质和行为。乔治·欧斯特克隆了很多“细胞”，再观察它们作为集群是如何行为的。所以在这方面，现实和模拟是一回事。接着，一如雷诺兹的鸟群跟真的椋鸟一样，欧斯特的细胞群……算了，你还是自己看看下面的图吧，然后拿它和现实中的神经胚形成的图做个比较。当然，这两个图不是一模一样。雷诺兹的人工鸟和真的椋鸟群也不是完全一样的。我想通过这两个例子说明的是这种自下而上“设计”的能力。在这种设计里，没有建筑师、没有编舞者，有的只是些低层次的个体规则。

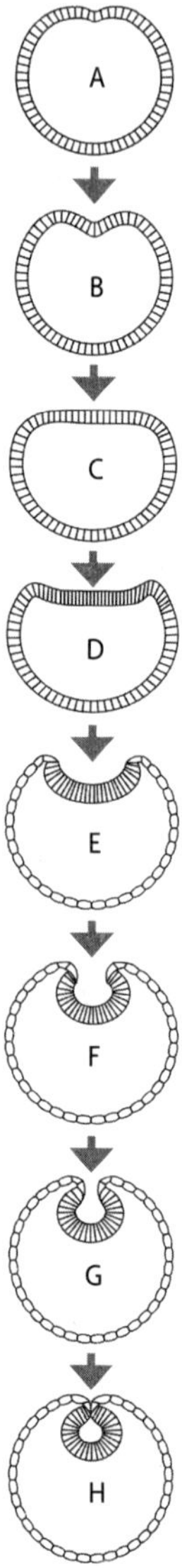

说起这之后胚胎发展的阶段，那就太复杂了，在这里说不清。肌肉、骨骼、神经、皮肤、肝脏、肾脏……这些组织统统由于细胞分裂才得以生长。看上去，这些不同组织的细胞形态迥异，但它们都拥有着一样的 DNA 分子。它们之所以长得不一样是因为不同的 DNA 片段，即不同的基因得到表达。同一 DNA 分子中的基因数以万计，但一个组织只能表达其中很小的一部分。这是什么意思呢？对于任意一种组织而言，它的细胞里会产生多种蛋白质和重要的“实验室助手”——酶。但是和可能产生的酶比起来，这种组织的细胞里酶的种类数量只占很小的一部分。而余下种类繁多的酶也的确产生于别的组织的细胞中。这也致使不同组织的细胞生长方式不同。不同组织的生长都基于细胞分裂，而它们也都遵循各自的一套自下而上的规则。每种组织都是等长到了合适的大小之后就停止生长，而这中间遵循的也是自下而上的规则。有时候出了岔子，组织的生长停不下来：自上而下的规则要求细胞分裂别再继续了，可它们却充耳不闻。这时候就出现了肿瘤，比如癌症。但是，通常这种情况不会发生。

现在，我们不妨把这种自下而上的胚胎发育和第九章讲到的晶体放在一起看看。不管是黄铁矿，还是钻石、雪花，晶体之所以能形成美丽的造型，都得益于各自遵循的自下而上的规则。在晶体的例子当中，这些其实就是化学键的规则。我们把分子形成的规则类比为接受检阅的士兵。关键在于没人设计过晶体的形状，而形状的出现完全是遵照各自规则的结果。

化学键连接的过程就像拼图拼在一起一样。我们接下来看到了化学键的法则是如何制造出蛋白质分子的。这可比普通晶体更为精密。基于同样的拼接方法，后面我们又看到了蛋白质分子链是如何卷成“结”的。“结”里面的“裂缝”让蛋白质分子链可以跟酶一样工作。在细胞里，它们可以充当催化剂，加速特定化学反应的发生。诚如我前面所说的，“裂缝”是一种过于简单化的说法。有些“打结”的分子就是台小型的机器、微型“水泵”，或者迷你“徒步者”。说它是

“徒步者”，因为它真的会在细胞里迈着两条腿走来走去，而且还要忙着完成化学反应的差事。在 YouTube 上搜索“你身体里的分子机器”（your body’s molecular machines），然后等着被彻底震撼吧。

有的酶可以唤醒别的酶，继而为其他特定的化学反应充当催化剂。之后，细胞里的这些化学反应也让不同细胞可以通力合作。就像乔治·欧斯特的模拟实验一样，细胞们遵循着各自的规则形成胚胎，再进而长成婴儿。这一路下来的各个环节都是 DNA 控制的，同样遵循的是拼图原理。这就跟晶体形成的整个过程一样，只不过这类特殊的晶体更为精密。

这一过程并不会随着婴儿的出生而停止。伴随着婴儿长成小孩、小孩长成大人、大人变成老人，它一直在继续。不同的个体拥有不同的 DNA，这归根结底是随机的基因突变带来的。当然，在不同的 DNA 的作用下，蛋白质在“结晶”和“打结”的过程中也会出现不一样的情况。这些差异会产生一系列连锁反应，最终的结果使得成年个体千姿百态。因此，等猎豹长大了，它也许会跑得更快，也许会跑得更慢。或许变色龙的舌头可以再射得远一点儿；又或许骆驼在渴死之前能在沙漠里多走几里地。玫瑰刺有可能会变得更扎手，而眼镜蛇毒液的毒性也有可能再强上一点儿。一旦 DNA 发生变异，它都会多多少少左右蛋白质的构成、细胞的化学成分和胚胎的发育模式。而在一系列漫长的连锁反应之后，它最终会带来影响。这种影响体现在动物生存的概率变大或是变小，也体现在繁衍后代的机会变多或是变少。变多还是变少，这也决定着此种变异的 DNA 在下一代生物体中存在的可能性是高是低。所以，随着代代相传，在数千年之后，甚至数百万年之后，种群中存留下来的基因便是“好”基因了。它们增强体魄，让猎豹跑得更快，让变色龙舌头更长，让骆驼不喝水也能多行几里。

简而言之，这就是达尔文所说的自然选择。之所以每种动植物都各有所长，这就是原因。对于每个物种而言，具体擅长什么，细节不尽相同。但它们归根结底都擅长一点——不管自己 DNA 的特长是什么，都得能活得够久，好让这个 DNA“传宗接代”。经过几千代的自然选择之后，我们注意到（或者说如果我们活得够久，我们应该会注意到）在同一物种里，动物个体的平均形态发生了变化。进化一直在进行着。几亿年的进化之后，鱼类的祖先有了蜥蜴这样的后代。几十亿年的进化之后，细菌“摇身一变”成了你我这样的人。

世间的各种生物之所以是现在的样子，都是因为它们的祖先朝着这个样子进化了很多很多代。人类本身如此，人类的大脑也不例外。在人类的大脑中，对音乐的喜好、对床笫之欢的乐此不疲根深蒂固，而对宗教的向往莫不如是。如同人类其他的喜好一样，要说人类倾向于信仰宗教有什么进化论上的解释，这也显得合情合理。同理，人类的其他倾向也好像有着进化论上的解释。比如说，人们崇尚道德、内心向善。这些用进化论可以解释吗？这是我们要在下一章里谈的。

第十一章

我们因进化而信教？我们因进化而向善？

直到很晚近的年代，几乎人人都信神。在今天的西欧，有宗教信仰的人已经是少数。但除此之外，全世界大多数地方的人都还信仰着某一个神或者某类神，这也包括美国。如果是科学素养不高的人群，这种情况就更加普遍。谈到对众神的信仰，难道达尔文的进化论不应该有所解释吗？不管是信一个神还是一类神，宗教信仰到底有没有让我们祖先的存活能力变强？到底信仰本身会不会让带着信仰宗教的基因传承下去呢？

我想答案很可能是肯定的，至少某种意义上是肯定的。当然，这并不意味着人们信仰的神真的存在，因为什么神都不存在。这是两个截然不同的问题。就算某种东西不存在，宁信其有也能救你一命。这种情况比比皆是。

你还记得瞪羚和斑马的例子吧？在怕得过头和怕得不够之间，它们需要找到一个平衡点。现在，想象你自己是个很久以前生活在非洲平原上的早期人类祖先。和瞪羚一样，你也得拿捏得恰到好处：对于狮子、豹子你得怕上几分，但又不能太过闻风丧胆，不然你难以维生。对于人类来说，所谓“维生”可能是挖个山药、找个配偶什么的。你正挖着山药，听到了声响，于是你四下张望。你看到了草叶晃动，那儿没准儿有头狮子，也有可能真的是风吹的。你找到一根大个儿的山药，正挖得起劲可不想就此撒手，但那声响真的可能来自一头狮子。

如果你觉得是狮子且的确那就是头狮子，那么，你坚定的信仰便救了你一命。这很好理解，但接下来要说的就有点儿难以理解了。在这种特定环境下，就算那不是狮子，这种策略也都能救你的命——但凡有了异动和异响，你就认定会有危险，因为那真的可能是狮子。如果你矫枉过正，草丛里稍微有点儿动静就吓得撒腿就跑，那你可就跟山药失之交臂了，而别的维生手段你也无缘了。有的人能拿得准分寸，但是，在某些情况下，就算是他们也还是会相信那就是头狮子，哪怕子虚乌有。面对到头来是个假警报的东西，如果你倾向于宁信其有，这样的选择便会救你一命。刚刚说相信不存在的东西也可以救命，这就是一个例子。

为了说明这点，我在这儿可以讲得更技术性一些。人类倾向于相信“能动性”（agency）。什么是能动性？说事物有能动性，指的是它会为了一个目的刻意做些事情。高高的草丛间，风呼啸而过，这就谈不上能动性，因为风没什么能动性。

但是狮子有，狮子的能动性就是要吃你。为了能抓到你，它会复杂地调整自己的行为。为了让你没法逃跑，它会活力四射、灵活应变。你要是对这样的能动性感到害怕，理由会很充分。但是这也可能是在浪费时间和精力，因为被你怀疑有能动性的对象可能只是风一样的存在。你的身家性命越是经常性地陷入危险，你会越发地草木皆兵，也有时会因此对假消息信以为真。

今天，大多数时候我们不必再害怕狮子或者剑齿虎，但是即便是现代人也会害怕黑暗。小孩子会怕妖怪，大人则会怕有人拦路抢劫或是入室盗窃。夜里独自一人躺在床上，你听到了一种声响。有可能是风声，有可能老房子的木头凹陷了弄得嘎吱作响，但也有可能是带着凶器入室的盗窃，或是有其他目的的非法入室者。你害怕那种叫不上来却又针对你的东西。这可不同于没有能动性的风、嘎吱作响的木梁。就算非理性，哪怕不合时宜，打我们的祖先开始，这种对于能动性的恐惧便潜伏在我们身上。我的同僚安迪·汤姆森（Andy Thomson）博士在他的《我们为什么信神？》[*Why We Believe in God（s）*] 一书中表达了类似的观点：我们可能会把影子当作贼，但我们不会把贼当成影子。即便有时候我们的面前根本就没什么有能动性的东西，我们也会先入为主地觉得自己真的看见了。当我们看到这些东西的时候，宗教便产生了。

在我们祖先的信仰里，“万物是有灵的”（animistic）。不管看什么东西，他们都能看出些能动性。通常，他们称之为神。希腊诸神正是这么起源的。斯蒂芬·弗雷（Stephen Fry）有本写得很好的书叫《神话》（*Mythos*）[①]，对这点里面说得很清楚。河神、雷神、海神、月神、火神、太阳神、黑暗森林之神或是黑暗森林魔鬼，它们存在于世界各地的信仰当中。太阳是神，它有能动性，因此人们得向它好生祈祷、乖乖献祭，要不然明天它就不出来了。火是神，人们得让它吃饱喝足，不然它就要熄灭了。雷也是神，除了神还有谁能搞出那么大的声响？天气变幻莫测，对人们的生活来说它又举足轻重。自然人们会觉得在它阴晴不定的背后一定存在着某种能动性。肯定有办法结束可怕的干旱吧？好好祭祀一番雨神可能有用。风暴真可怕啊，刚刚毁了我们的房子，大概是因为我们没有献上足够的赞美吧，掌管风暴的诸神生气了。

耶和华在人们的脑中进化，成为犹太教里唯一的神，最终也变成了基督徒和穆斯林的独尊之神。而在那之前，耶和华作为“风暴之神”是迦南地的众部族所信奉的诸神之一。犹太人便是源自迦南地的部族。除了耶和华，青铜时代的迦南人最初供奉的诸神还包括丰饶之神巴力、主神埃尔[②]以及他的妻子——女神亚舍拉。根据一些宗教史学者的研究，在那之后，人们印象中的耶和华和埃尔以及亚舍拉融为一体，最

---

① 生于1957年，英国作家、编剧、演员。这里提及的书全名为 *Mythos: A Retelling of the Myths of Ancient Greece*，2017年出版。

② 在西北闪米特语中，“埃尔”一词本身就是“神”的意思。

终变成了犹太人的独尊之神。所以，青铜时代的泛灵论缩减成为铁器时代的一神论。之后的基督教和伊斯兰教都采纳了犹太人的上帝。再后来，迦南人的风暴之神进化得愈发复杂，在牛津、哈佛学识渊博的教授笔下成为神学著作里的英雄。

如我在前面提到的：为了结束干旱，人们寄希望于向掌管天气的众神献祭。但为什么人们觉得这会有用呢？人类的大脑总是在寻找某种规律。由于自然选择，我们的大脑建构起了这么一种习惯——喜欢注重因果联系。也就是说，人们倾向于注意一件事的后面接着发生什么。我们发觉闪电过后就会打雷，乌云密布之后就会下雨，不下雨就种不了庄稼。但是，“什么后面接着什么”也是挺复杂的一件事。“什么后面接着什么”其实意味着“什么后面有时候接着什么”而非“什么后面总是接着什么”。性行为之后接着怀孕，但不是次次都会怀孕。

有时候根本就没有什么规律，但我们偏偏觉得注意到了它的存在。有时候的确有某种规律，我们却又看不到了。这些情况都屡见不鲜。有一类数学家叫作统计学家。我们在分析模式的时候会犯两种错误，而统计学家会加以区分：一种叫误报（false positives，也译“假正例”“假阳性”），一种叫漏报（false negatives，也译“假负例”“假阴性”）。你觉得你察觉到了某种规律而实际上子虚乌有，这就叫假正例。迷信就是一种常见类型的假正例错误。而明明有规律你又注意不到，那就是假负例。被蚊子咬和得疟疾之间的确有某种规律存在，但这两者也并非雷打不动地相关。在1897年罗纳德·罗斯发现[1]以前，没有人了解到这点。而有只黑猫从你面前穿过和接下来的霉运中间可就没有这种相关了。不过，很多迷信的人都会相信某种假正例。

去年我们向雨神祈祷了，然后就下雨了。这中间的规律一定意味着什么吧？

不，这根本毫无意义，这是个假正例。不管怎样都是要下雨的，但有时候迷信就是难以撼动。

孩子生病发烧了。我们向众神献祭了一只山羊，然后孩子就好些了。所以下次要是有人发高烧，我们最好还去祭一只山羊。

人类的免疫系统自己就把疟疾治愈了，这是常有的事。但要是有迷信的人坚信献祭山羊有魔力的话，你这么告诉他们试试看什么后果。

有时候你注意到某种雷打不动的模式——一件事情后面接着就会发生另一件事，没有一次例外。即便如此，这也没

① 罗纳德·罗斯（Sir Ronald Ross，1857—1932），英国热带病医生。他最大的贡献在于发现了蚊子是疟疾传播的媒介。因其对疟疾防治的贡献，他获得了1902年的第二届诺贝尔生理学及医学奖。

法证明就是前一件事引起了后面一件事。比如有个村子叫朗顿阿孔，隔壁有个村子叫朗顿帕瓦。教堂整点敲钟的时候，朗顿阿孔总比朗顿帕瓦早一会儿。但是，是朗顿阿孔的钟声引起了朗顿帕瓦的钟声吗？光凭观察得不出答案，观察再多次也不行。要想搞清楚究竟是不是有因果关系，做实验是唯一靠谱的办法。你需要“操纵”实验条件。你爬到朗顿阿孔的钟楼上，把那边的钟弄停。朗顿帕瓦的钟声就会接着停下来吗？出于实验目的，把朗顿阿孔的钟拨快十分钟，那朗顿帕瓦的敲钟还会紧随其后吗？当然，你需要把这个实验重复上很多次，这样才能把偶然因素排除。

有的规律表面上看真的有那么回事，但为了检验它是不是真的存在，就得较真做实验，费些功夫，而且脑子还得一根筋。如果真的费劲去做教堂敲钟实验的话，你的脑子可不是一般的一根筋。先不论敲钟的噪声问题，做实验的过程中真的可能会死人。也难怪我们的祖先转而诉诸迷信了。

伯尔赫斯·弗雷德里克·斯金纳[①]是著名的实验心理学家。他曾用鸽子来说明迷信的问题。他的鸽子们“注意到”某种规律，但其实是个子虚乌有的东西，也就是假负例。他把八只鸽子分别放在单独的箱子里。这些箱子称为“斯金纳箱”。每个箱子都配备一个电动喂食装置，可以给饥肠辘辘的鸽子送吃的。正常情况下，只有在鸽子出现一些行为时，斯

---

① 伯尔赫斯·弗雷德里克·斯金纳（B. F. Skinner，1904—1990），美国心理学家，创立了操作性条件反射学说。

金纳箱才会通电喂食，比如它们去啄墙上的开关的时候。但在这个特别的实验里，斯金纳不是这么干的。他切断了喂食装置和鸽子行为之间的联系。这些鸽子的行为和它们是不是可以得到吃的毫无关系。不管鸽子们在干吗，或者压根什么也没干，喂食装置都会时不时地往箱子送点吃的。

实验的结果就很让人着迷了。八只鸽子里面有六只产生了各种各样的迷信。有只鸽子就一直在逆时针转圈走，在两次奖励喂食中间它会转两到三圈。我们得说，它迷信逆时针转圈可以让食物降临。第二只鸽子不断拿自己的头冲箱子的一个上角撞去。它“觉得”这样能说服喂食装置送吃的来。另外两只鸽子头摇得像钟摆那样。它们迅速把头往左或往右撞去，再慢慢地摆正。还有一只鸽子的迷信习惯是向上甩头，就像是把不存在的东西抛向空中。第六只鸽子一直在做像要啄地面的动作，只是它一次也没碰到地面。

斯金纳将这些都称为迷信，我觉得他说的没错。事情的经过肯定如此：当喂食装置哐啷一声开始工作的时候，碰巧鸽子们刚刚在做某种动作，比如刚好在用头撞箱子角。即便不一定是有意识的，它们也会“认为”正是自己的头部运动让食物送上门来。所以，它就会重复动作。而实际上，它刚才的动作只是碰巧和下一次食物投放的时间对上了。不管食物上门之前碰巧在做什么，只管一直重复就好。每只鸽子也因此有了不同的迷信习惯。这也可能是我们的祖先养成某种习惯的原因。比如，为了给发烧的孩子治病，又是祈祷，又是用山羊献祭。正如同斯金纳实验里身处各自箱子的鸽子一样，世界各地的人们都发展出各自的宗教迷信。人类和斯金纳的鸽子身上又多了一个相似之处。

赌徒也一样。不管是轮盘赌还是老虎机，不管赌徒做什么，他们都会随机地尝到点儿甜头。因此有的赌徒就会觉得他穿上某件“幸运衫”的时候运气比较好，或者有一次在祈祷之后突然中了大奖。就跟斯金纳的鸽子一样，他们下次还会这么干。就算再也没中过大奖，但是祈祷的习惯是改不掉了。老虎机送出大奖或是轮盘赌的小球刚好落到你想要的那格里，这些发生的概率都太小了，你其实根本没法干涉。但是，从蒙特卡洛到拉斯维加斯，到处有人迷信自己有能耐影响中彩概率。

很久以前，计算机还没有屏幕。那时候的计算机都是通过电传打印机来打印东西的。有一次，我走在学校的机房里，看到有个学生因为计算机半天没反应已经不耐烦到抓狂。他不断地用指关节敲击电传打印机，尽管他肯定知道这没法让计算机快点儿干活。没准之前哪次他也这么干过，然后计算机刚好让结果蹦出来了。跟斯金纳的鸽子一样，他再也不会丢掉这个迷信的习惯了。

我们想象一下：过去干旱的时候，我们的祖先突发奇想给雨神献祭，而且每天不间断，后来终于下雨了。在他们看来，可能得用很多祭品才能说动雨神。迷信的人们从来没有试过不给雨神献祭会怎样，看看是不是也一样会下雨。而科学家们就是这么办事的。但我们的祖先不是科学家，也没胆子冒风险不给雨神献祭。

当然，我在这儿只是揣测，但这种揣测说得通。直到今天，这还是很多部落成员会做的事。斯金纳的实验则不是揣测而是事实。赌徒们相信幸运数字、护身符或者祈祷，这也不是揣测。会发生什么并不确定，而我们又期待某个特定结果的出现。（我们称之为“机遇”或者“运气”。）每当这种时候，大家就会倾向于去祈祷或者养成什么迷信的习惯。迷信本身很可能并没有给我们祖先的生存帮上什么忙。但是，我们的祖先大都喜欢在世间寻找规律，这让他们注意到重要的事情后面会跟着其他事情。这种习惯给他们的生存帮上了忙，而迷信只是这其中的副产品。一如斑马在被吃掉和填不饱肚子的风险中寻求平衡，寻找规律的人类也在两种风险中跌跌撞撞地站稳：注意到了规律但这规律其实根本不存在（迷信一样的假正例），以及错过了真实存在的规律（假负例）。自然选择青睐擅长留意规律的人，迷信和宗教信仰便是这其中的副产品。

这个问题还可以换个思路来想。我们最早的人类祖先生活在非洲大草原上，那里的环境十分危险。那里有毒蛇、蝎子、蜘蛛、蜈蚣。树林中潜伏着巨蟒和猎豹，灌木丛后面藏着狮子，河里还有鳄鱼。对于这些危险，成年人都了然于胸，但是孩子就得有人提醒了。做父母的当然会给自己的孩子敲警钟，就像现代都市里的父母会让孩子过马路前左右看好。

自然选择会钟爱那些知道给孩子敲警钟的父母。而孩子大脑里的基因若是让他们更愿意听父母的话，那这些基因也是更受自然选择青睐的。

这些都很容易理解，下面要说的就有点儿难懂了。如果大人给孩子的建议好的坏的混在一起，孩子的大脑便无法区分这些建议是好还是坏了。要是孩子的大脑真的能分辨好坏的话，那大人的建议也就没必要了。比如说，孩子本身就知道蛇很危险。我说这些的意思是：如果孩子已经知道的话，也就谈不上父母给他们建议这回事了。所以，出于某种原因，父母会给孩子一些没用的建议，比如“你得一天祷告五次”。建议虽是无用，孩子却无从知晓。自然选择让这条规则根植于孩子的脑海中——“不管父母说什么都得信”。即便“你父母告诉你的”其实是个蠢建议、无稽之谈，或者仅仅跟鸽子一样基于迷信，这条规律也照搬不误。

但你很可能要问了：为什么父母会告诉孩子这些蠢话和无稽之谈呢？这么说吧，父母也曾经是孩子。建议是好是坏还是没用，他们判断起来也曾无所适从。这些建议不管好坏都传给了下一代。至于一开始这建议是怎么搞出来的，大概是鸽子那样的迷信在其中起了作用吧。纵使毫无建树、装神弄鬼，这些建议代代相传。在这期间，因为我们在第二、第三章里看到的“中国传话游戏”效应，它们走了样或者变得更加夸张。不同的建议在世界各地代代流传。看看周围，我们便能注意到世间正是此番情景。

当然也有一些孩子很聪明。在长大成人的过程中，他们注意到了证据的价值，也成功挣脱了父辈糟糕无用建议的束缚。他们可算是超脱了。想想这本书的名书就是这样，但这种情况并非比比皆是。我相信这也是宗教得以起源并且一直存在的原因，这也是一种“副产品”理论。像一天需要祷告五次、为了治好疟疾需要献祭一头山羊，这都属于无用的迷信，但它们都成为合理信仰的副产品而流传下去。或者这么说更贴切：自然选择让孩子的大脑相信父母、老师、牧师和其他长辈，而这带来的副产品便是无用的迷信。这样的模式得到了自然选择的垂青，因为长辈们告诉孩子的事情大部分还是合理的。

副产品理论正是达尔文学说中对于宗教信仰的解释。只要是真正的达尔文学说，那都是在说基因在种群中是怎么越来越多的。还有一些解释看上去有点儿像是达尔文体系的，但实际上不是。比如，得益于他们的宗教，整个种群或者民族可以更好地生存。这也是在说为什么宗教本身可以存活下来。想象一下，有两个民族宗教信仰不同。有一方信的是好战的神，像是耶和华，或者是维京神话里面那些好战的神。因为有这样的神，他们的牧师便会将战斗中的勇气作为美德加以宣扬。或许，他们会教导说：像殉道者一样死去的勇者会直接升入殉道者的天堂或者是英灵殿。对于为部族之神战死的男人，他们还会许诺天堂里有美丽的处女。（你有没有像我一样为这些可怜的处女感到可惜？）另一个民族信奉的神则主张和平。他们的牧师不提倡战争。要是有人战死，牧师们也不会赐予天福。或许他们的布道里压根儿就没有天堂。在其他条件相同的情况下，哪个民族会产生最勇敢的猛士呢？哪个更有可能去征服其他民族呢？哪一种宗教更可能传播四海呢？这属于明知故问了。伊斯兰教从阿拉伯半岛传遍中东再传到印度次大陆，这段历史伴随的便是军事征服。基督教随西班牙征服者在中南美洲的传播也是如此。

对于不同的民族和部落来说，或者就打仗而言，宗教可以在很多方面帮上忙。有一种说法认为共同的宗教信仰、神话体系和礼仪传统可以让全社会凝心聚力、通力合作，而其中的每个人都会因此得益。我觉得这种说法很可能成立。求神降雨或许会显得很可笑，因为现代科学已经知道求雨不会给天气带来什么影响。但要是聚在一起共跳韵律十足的求雨舞可以提升部落的团结合作呢？这就是个值得思考的问题了。我值得尊敬的同僚们已经给出了一些答案[①]。关于宗教的博兴，还有可能存在另一种非达尔文学说的解释。国王和牧师之所以要对臣民的信仰进行剥削，是因为可以借此在社会中居于统治地位。还有一种解释跟达尔文的学说很接近，它认为包括宗教观念在内的观点本身存在着竞争。我们称这种观点进行竞争的因子为“迷因”（meme），与基因相区别。迷因之间

---

① 比如，乔纳森·海特（Jonathan Haidt）的《正义之心》（*The Righteous Mind*，London，Penguin，2012）和尤瓦尔·赫拉利（Yuval Noah Harari）所作的《人类简史》（*Sapiens*，London，Vintage，2014）。——作者注

的竞争和基因差不多，只为让自己在人们的思想中数量更多。这里没有空间把这些理论都展开讲，我只是想提一下，这样人们都在热衷于什么争论你可以有个概念。但是我现在要继续往下讲了。

在第六章里面，我答应过会回头来讲这个问题：为什么自然选择让人向善？至少说说狭义上的善良吧。为了形成道德观念，为了让人可以学会区分好坏、从善如流，这种狭义上的善良可以充当进化的基础。但有的话必须说在前头：说到道德观念的变迁，我认为第六章里谈到的那种变化更为重要。自然选择在我们脑中建构起的善良或许很有限，而它也会同时带来糟粕。更常见的状况是，这两者之间存在某种平衡。历史的经验已经证明，这种平衡正在发生着倾斜。正如我们在第六章里看到的，这种倾斜已经在朝着善良的方向。

所以，善良的进化论基础是什么呢？第八章里面我们谈到了，所谓进化无非是成功的基因在基因库里数量越来越多。这也就是“成功”的意思。有的基因让人跑得更快，却又不会像赛马那样快到容易摔折腿，这样的基因就会在基因库里越来越多。有的基因让趴在树皮上的蛾、蜥蜴、青蛙更难一眼识别，那这些基因也会越来越多。让父母关爱孩子的基因亦是如此，因为一模一样的基因拷贝也会在他们所关爱的孩子身上留存下去。所以，只要自然选择在起作用，人们关爱起自己的孩子来想都不用想。

带着跟你一样基因的不仅仅是你的孩子，还有你的孙子、侄子侄女、兄弟姐妹。亲戚关系越远，共享基因的可能性越低。你身上的某个基因会让你去救自己的孩子或者妹妹，而这种基因有一半的概率你的孩子或者妹妹身上也会带着。另外某个基因会让你救自己的侄子，你救下来的侄子身上有四分之一的概率也带着这样的基因。还有某个基因会让你救自己的表亲，这个表亲身上有这种基因的概率是八分之一。①

所以，若是能冒点儿风险救自己的表亲于水火或者雪中送炭，这样的人是会得到自然选择的偏爱的。而有的人愿意多冒一点儿风险去救侄女，还有人会冒更大的风险去救自己妹妹或儿子。对此自然选择也会青睐有加。这里的“救”指的也不仅仅是直接救人性命，还包括在各方面施以援手，比如说让人填饱肚子、不让他们被抓走、为他们遮风挡雨等等。

从理论上来说，在抚养弟弟和抚养儿子的人中间，自然选择是不偏不倚的。但在实际生活中，切实抚养儿女的机会比抚养弟弟妹妹的机会要多。说到照顾人的话，这也是为什么父母之爱比手足之情要更靠谱。而这种手足之间互相照顾的情况，在蚂蚁、蜜蜂、黄蜂、白蚁这类高度社会化的昆虫中间倒是比较普遍。一些鸟类也是这样，比如美洲的橡树啄木鸟。还有非洲的哺乳动物无毛鼹鼠。

你不能指望动物能“知道”自己的近亲是谁。在基因自

① 这些数字需要正确理解，因为这儿有点迷惑人。你可能看到过这样的说法：我们每个人身上绝大多数的基因都是一样的。这说得没错，我们和黑猩猩还有许多其他动物身上的大部分基因也是一样的。这里我拿表亲等亲戚做例子来说明共同基因的概率，说的其实是相对人群中大家共享的“基准”基因的概率而言，它们所另外超出的部分。——作者注

然选择的过程中，鸟类的脑子不会被植入像“喂饱你的孩子”这样的法则。它们脑中的法则更像是这样的：“你的窝里要是有什么东西张着嘴巴嗷嗷待哺，那就喂饱它。”那也是为什么布谷鸟把蛋生在别的鸟的窝里，却没有因此遭遇不测。布谷鸟宝宝先是破壳而出，然后把养母自己生出的蛋扔到窝外面去。这个养母遵循的法则是基因植入在它们脑子里的：“你的窝里要是有什么东西张着嘴巴嗷嗷待哺，那就喂饱它。”布谷鸟宝宝可不就是这样吗，所以它就会有吃的。

我们的祖先生活在野外，三五成群、居无定所，和狒狒一样。后来，他们形成了小型村落。不管是哪种情况，都跟一个不断扩大的家族差不多。在这个村子里，在这个族群中，几乎人人都跟你沾亲带故。所以，与其有“对血亲们都好点儿”这样的思维规则，还不如说它其实是“对每个人都要好点儿”。今天我们大多数人已经不再生活在小村子里了。你再也不会说只要认识，这个人就是自己的亲戚。但是“对每个人都好点儿”这样的规则依然留在我们的脑海中。为什么我们倾向于对人友善？要用达尔文的学说来解释的话，这也可能是其中的部分原因。

不幸的是，凡事皆有另一面。我们的祖先生活在小村子里或者小的聚居区中。在他们脑子里，要他们“对没见过的人都不要客气”，其实就是要他们“对不是亲戚的人都不要客气”，或者“要是有人看起来跟你还有你认识的人不一样，那就别对他们客气”。要说种族歧视的生物学源头，大概可以追溯到这种思维法则。还有，对于新移民这样“他者”的敌视，也是这么来的。

但是，人类大脑所能提供可不止这些无意识的经验之谈。不同于蚂蚁和橡树啄木鸟，特别是借助了语言之后，我们的大脑有能力去判断谁跟谁是亲戚。“对每个人都要好点儿”这样的规则可能会给更具体的规则让位：“对你确定知道是自己亲戚的人好点儿。”

生活在卡拉哈里（Kalahari）沙漠的昆人（!Kung）被认为是与人类始祖最为接近的当代民族。在黑皮肤的北方入侵者抵达该地之前，浅棕色皮肤的昆人已经在南非生活了很长时间。他们是以家族为单位的狩猎采集者。每个家族都拥有自己的猎场，要是有人迷路走进了竞争对手的猎场，除非能让主人相信他在当地有亲戚，不然他可就危险了。有一次，在一个叫卡达姆的地方，有个叫加奥的男人在自己家猎场以外的地方被逮住了。卡达姆的居民不甚友好，但是加奥成功地让他们相信卡达姆当地有人跟自己的父亲同名，后来还发现卡达姆还有别的人也叫加奥。这说明他们有共同的亲戚。后来，卡达姆的居民接纳了加奥，还给了他吃的。

新几内亚内陆的山区与世隔绝几千年。到了20世纪30年代，澳大利亚和美国的探险家在当地惊奇地发现了从未见过外族人的新几内亚高地人。这一族群的人口有100万之众。当他们初次相遇的时候，两边的人都甚为惊恐。考古学家认为新几内亚高地人已经在当地生活了5万年之久。他们当中有的部落还跟昆人一样依然是狩猎采集者。有的部落在 9000 年前开始转而种庄稼。而这时候，农业也才刚刚在中东、印度、中国和中美洲等地独立出现。新几内亚高地人内部分为几百个部落。不同部落的成员之间语言不通，彼此也充满敌意。对于昆人而言，即便是同一部落的不同家族，哪怕是邻居也会不太客气。在有的地方，闲逛误入别人家领地的人会有丧命的危险。但聊着聊着，没准能看看跟当地人有没有共同的表亲或者别的什么亲戚，兴许能保住一条命。要是真能找到共同的亲戚，那便可以心平气和地抽身。要是找不到，估计就得打一架了，可能还得出人命。

除了沾亲带故，自然选择教人向善的方式还有另外一种，而且这种方式可能更重要。这种理论称为“互惠利他”。今天我帮了你一把，明天你可能会助我一臂之力，反之亦然。这就是所谓的“互惠”。而“利他”是又一个表示善良的词。所以，“互惠利他”的意思是别人对你好，你反过来也对人家好。

互惠利他是无意识的。自然选择青睐于让大脑“互惠”的基因，哪怕大脑本身意识不到这种互惠机制的存在。科学家杰拉德·威尔金森（Gerald Wilkinson）用吸血蝙蝠做过一项很棒的研究。这些蝙蝠以吸血维生。它们吸血的目标是比自己体积大得多的动物，比如奶牛。白天它们在洞穴里休息，到了晚上就出来觅食。想找到一个受害者很不容易。不过，一旦蝙蝠找到了这样一个目标，那可是要见不少血了。蝙蝠狼吞虎咽，胃都撑得鼓鼓的，然后再飞回白天待的洞里。可没找到目标的蝙蝠就有被饿死的危险了。比起我们，小小的蝙蝠们饿死的危险可要大得多。对此，威尔金森也给出了有说服力的证明。

当蝙蝠结束了一夜的捕猎回到洞穴，它们当中有的依然饥肠辘辘，有的却吃得太多。于是，饿肚子的蝙蝠就去向饱餐一顿的同伴求施舍。吃饱的蝙蝠就从胃里吐点儿血出来给挨饿的吃。第二天，它们的角色可能会互换。头天晚上的幸运儿今天可能就得饿肚子，反过来也一样。所以，从理论上来说，一夜的觅食过后，每只蝙蝠都会因为自己的慷慨解囊而得益。要是哪天晚上运气不好，它们还能期待回报。

威尔金森现在要做一个聪明的实验。他从两个不同的洞穴里分别找来一群蝙蝠，把它们关起来。同一个洞穴里的蝙蝠互相认识，但不认识另外一个洞里来的。为了做实验，威尔金森每次让一只蝙蝠挨饿。然后，把它和其他的蝙蝠放一块，看看会不会有蝙蝠来喂它。有时候，他把挨饿的蝙蝠和熟悉的“朋友”放在一起，有时他又会把实验对象和来自不同洞穴的陌生蝙蝠放在一块儿。重复了多次的实验指向了同样的结果：如果蝙蝠们认识挨饿的那个同伴，那么它们会去喂；如果它们不认识，也就是说出身的洞穴“不一致”，它们就会无动于衷。当然，也可能是因为同一个洞里的蝙蝠都有血缘关系。威尔金森和同事接下来的工作表明：在这个案例中，比起亲戚关系，你对我好、我对你好的互惠关系更重要。

你可能会觉得威尔金森的实验结果完全说得通。因为你也是人，而这就是人们通常的行为方式。谁对自己好过，我们都一清二楚。帮过谁的忙，我们自己也知道。我们期待能有回报。我们明白欠债就得还钱，要是没还上就会觉得内疚。要是有人欠债不还或者不懂知恩图报，我们就会咬牙切齿、备感失望。

现在，我们回过去想想遥远的祖先。如果我们也是当时小村落中的一员，那全村人我们都会认识。谁欠了谁的债、谁该给谁担责任，我们也都能记得。不仅如此，你还会知道你这辈子八成就住在这村子里了。在未来很长的日子里，村子里的每个人都可能在某些时候帮上忙。自然选择又给你好好建构了这么一条思维规则："对每个人都要善良，最起码一开始得这样。哪天你不再如此的时候，最好能有什么好的理由。"你永远不会知道什么时候需要人家的回报。要说今天的我们继承的就是祖先那会儿一样的思维方式，那也合情合理。就算今天我们生活在大城市里，我们不断碰到一辈子也不会再见的人，我们大脑里的那条法则也没有变：除非你有充分的理由，否则请对每个人善良。

互利互惠、互相帮助，这些是一切贸易的基础。现如今，我们已经很少还会有人种自己吃的口粮、织自己穿的衣服，在不同地方之间旅行也很少还会有人自己跑腿。我们吃的东西可能是地球另一头的某个农场生产的；人们穿的衣服是买来的；四处溜达的时候，我们会开车或者骑车，我们却一点儿也不知道这些车是怎么造出来的。我们坐火车、坐飞机，而火车飞机都是成百上千的人在工厂里造出来的，但他们当中可能也没几个人知道整辆火车或是整架飞机是怎么拼起来的。这些所有东西都得拿钱换。为了挣钱，我们从事力所能及的工作。拿我来说，就是写书、讲课；拿医生来说，就是治病救人；律师挣钱靠的是辩论口才；车库技师靠的是修车本领。

要是把我们都送回几千年前祖先的那个世界里，大多数人生活起来都会步履维艰。那时候，人们想吃东西只能自己种或者自己找，从地里挖或者出去打猎。在石器时代，有可能每个男人的长矛都是自己做的。但要把矛头做得锋利无比，那得是打磨燧石界的专家级选手。与此同时还有专家级的猎手。他们扔长矛扔得又狠又准，但一开始做长矛的时候他们并不擅长。那互相帮助不就是很自然的事情了？你给我做一根锋利的好矛，我打猎回来分你一些肉。

后来就到了青铜时代和铁器时代。工匠达人们用金属做的长矛换取食物。种粮达人用庄稼跟工匠们交换刨地工具，因为种粮食用得上这些工具。再到后来，交换就不是这么直接了。不再是“你要是给我觅食的工具，我就给你吃的”这样的逻辑了，人们开始付钱了，或者和钱差不多的东西，比如一张欠条。有了这样的字据，便是承诺了将来会把债还上。

当今社会中，不涉及金钱往来的以物易物已经非常少见了。在很多地方这甚至是非法的，因为这涉及逃税。但是，我们这一辈子，生活的方方面面都有赖于别人各显神通。“有疑问的时候，就对人客气点儿”，这条思维法则一直留在我们的脑海中。而与之相伴的还有另一条古训：“没跟人建立信任关系之前，还得多长个心眼。”

所以，在达尔文的理论中，我们似乎可以找到某种催人向善的压力。这也构成了我们区分对错的基础。但是，我认为后天习得的道德观念把这点原因埋没了。我们在第六章里讨论过道德观念的问题。本章所说的内容丝毫没有动摇我们在第五章里得出的结论：我们想当好人，不一定得靠上帝。

第 十 二 章

源自科学的勇气

生机勃勃的世界是那样的美丽，又是那样的复杂。在达尔文出现以前，要是有人说这一切的形成不是设计出来的，人人都会觉得可笑。就算是动念头考虑这样的可能性也是需要勇气的。达尔文就有这样的勇气，我们现在知道他说的没错。科学界还有很多未解的难题，我们已经搞懂的事情中间还有很多缺口。达尔文出现之前人们关于生命起源的那些说辞，现在还有人想如法炮制："我们还搞不清楚进化一开始是怎么开始的，所以一定是上帝起的头。""没人搞得清宇宙是怎么起源的，所以它一定是上帝创造的。""我们不知道物理学的定律都是打哪儿来的，所以肯定是上帝制定出来的。"只要我们的认知体系中有缺口，就有人拿上帝把缺口填上。但是这么处理缺口有个问题，因为科学有个烦人的习惯：一路发展再把缺口填上。达尔文就填上了这个史上最大的缺口。我们也应该有勇气期待科学最终可以把余下的缺口一一填上。

这也是我们最后一章的主题。

生命皆由上帝创造——这曾是一个简单的常识，而达尔文探讨的偏偏就是这么一个常识。在这一章里，我们要颠覆这种对于常识的信心。从一些相对的细枝末节开始，我们会逐渐过渡到更重要的例子。每个例子说完，最后都会像歌词一样来一句："你不是认真的吧！"（这句让人印象深刻的话出自著名的网球运动员约翰·麦肯罗[①]。他经常用这句话质疑司线员的争议判罚。）然后，我们会回到更宏大的例子：根据显而易见的常识，上帝一定可以用来解释宇宙起源和其他未解之谜。

2014年的时候，在美国有个十几岁的孩子往水库里撒尿，被摄像头逮个正着。当地的水务部门决定把水库放干再清理一番。这一下花了36 000美元，而放掉的水共计1.4亿升，所以，水库里尿所占的比例不到十亿分之一。水库里有鸟的尸体，还有各种残渣，应该有很多动物不打招呼就在水库里撒了尿。但这就是很多人觉得这件事很讨厌的地方：单单因为我们知道一个人在水库里尿尿了，这必须把整个水库放干清理？这有道理吗？如果你是水库管理者，你会怎么办？

你每喝一杯水，里面就很可能有一个分子曾经从恺撒的膀胱穿过。

---

① 美国网球运动员，出生于1959年，7次大满贯得主。因脾气暴躁，麦肯罗经常与裁判和球迷发生争吵。

你不是认真的吧！但事实就是如此。

原因如下。通过蒸发、降雨、河流径流等形式，世界上所有的水体都在持续循环。在任何时刻，世界上绝大多数的水体都是存储在海洋中。而除此之外的水体也会进行循环，接下来的几十年内也会进入海洋。一玻璃杯的水中，所含水分子的数量大概是 10^{25} 个。我们整个星球上水体的总量大概是 14 亿立方千米，也就是区区 4 万亿杯。我用了“区区”二字是因为与 10^{25} 相比，4 万亿不过是小巫见大巫。所以，和把世界上所有水都装完所需的玻璃杯数量相比，一杯水里的水分子数量要大上几十万亿倍。

说你喝的水里掺着恺撒的尿液，这应该没什么问题。为什么要说是恺撒呢？当然，恺撒没什么特别的，你要说是他的朋友埃及艳后克利奥帕特拉也一样。或者你说耶稣也行。谁都行，只要水体循环有足够的时间发生就行。一杯水都是这样，那一水库的水更是这样。在那个美国的水库里，有的可不仅仅是个被摄像头逮住的孩子的尿，还会有几百万人的尿。有匈奴王阿提拉的，有征服者威廉的，没准儿还有你的。

空气循环和水循环类似，只是速度更快，而空气循环也可以做一样的数学题。一个肺里的分子数量远远大于把所有空气分配完毕所需肺的数量。几乎可以肯定，你呼吸时吸入的原子里，一定有阿道夫·希特勒呼出来的。据希特勒的秘书说，他的呼吸功能很糟糕。

科学可能会让人大吃一惊。我们在这里谈论的是你在应付别人的惊讶时所需要的勇气。面对未解之谜时也需要这样的勇气。

赫胥黎说过："所谓科学，无非是锤炼过后组织有序的常识。"但我没法说他此言不虚。我在这一章里讲的故事就是要挑战常识的。伽利略就曾挑战常识，他表明了：如果排除空气阻力的因素，从相同高度让炮弹和羽毛同时下落，它们是同时落地的（你要做这个实验的话只能在真空环境里完成）。

伽利略，你不是认真的吧！但事实就是如此。

下面来说说为什么伽利略是对的。根据牛顿的理论，因为重力作用，宇宙中任何两个物体间都有引力。引力的大小和两个物体质量相乘的积成正比（现在说的是质量，不是重量。质量和重量是有区别的，我们过一会儿来说这个问题）。炮弹的质量比羽毛大得多，所以受到的重力也会大得多。但是，和羽毛相比，炮弹也需要更大的作用力才可以增加到相同的速度。这两种力相互抵消，所以结果是羽毛和炮弹同时落地。

我前面说了，我会解释为什么质量和重量不一样。在我们这个星球上，物体的质量和重量是数值一样的。比如说一位男士的质量是 75 千克，那他的重量也是 75 千克。但是太空站里，他就没有重量了。他的重量为 0 千克，但是质量依然是 75 千克。要是把炮弹放进太空站里，它就会跟气球一样飘来飘去。但你要是想把炮弹扔过整个太空舱的话，你就会知道它的质量很大，你还是得费不少劲。除非你抵着墙，不然你推它一把的时候，自己也会同时被朝反方向推开。这可一点儿也不像气球。当炮弹砸中太空舱对面的墙的时候，伴随着“哐啷”一声，碰撞还是挺狠的。它可能还会砸坏东西。要是它砸中谁的脑袋，那可是会伤人的（再说一遍，这跟气球不一样），尽管炮弹和人的脑袋都没有任何重量可言了。地球引力把炮弹往下拉，而炮弹的重量指的是测量出来的引力数值。而测量出来的炮弹所含全部物质的总和叫作它的质量。如果你要在太空站里给铁球称重，称重仪器和炮弹都会飘浮不定，所以炮弹无法给称重仪器施加任何压力。它的重量就会是 0 千克。

若是你坐在称重仪器上从飞机上往外跳，那也是一样的结果。你和称重仪器下落的速率是一样的。同理，你对它也没有施加任何向下的力，它会测出来你的重量是 0 千克。下落的时候你的重量是 0 千克，但是质量却依然是保持满格的。

为什么太空站里的炮弹会没有重量地飘来飘去？（人和称重仪器也是一样。）这给你线索了吧。很多人觉得这是因为它们离地球太远了，已经超出地球引力的作用范围了。那可是大错特错了，而且这种错误挺常见的。实际上，太空站里的地球引力和地球海平面上的几乎一样强，因为太空站其实真的离地球没多远。太空站里的物体之所以没有重量，是因为它们一直在“下落”，跟坐在称重仪器上跳出飞机的人是一个道理。在这个案例中，“下落”指的是“围着”地球转。月球也一样，它一直在绕着地球下坠。月球是没有重量的，但是它的质量有 10^{22} 千克。

“月球没有重量，而它一直在绕着地球下坠？”

你不是认真的吧！但事实就是如此。

我们都觉得自己所在的这个星球表面粗糙、皱皱巴巴。山谷地带坑坑洼洼，山脊突起星罗棋布。毕竟，珠穆朗玛峰海拔接近 9 000 米，最早登上珠峰的两个人因为他们的丰功伟绩而被奉若英雄。但是，如果你把地球缩小到乒乓球那么大，它的表面看上去几乎是光滑的，即便是珠穆朗玛峰摸上去也不会有什么感觉，因为它小得就像最细的砂纸上的一颗磨砂。

你不是认真的吧！但事实就是如此。

你自己可以算出来：量量乒乓球的大小，查查珠穆朗玛峰的高度、地球的直径是多少，然后做道数学题就可以了。

为什么星球都是圆的？因为引力从各个方向把它往里拽。假以时日，就算是坚硬的地表，在引力的作用下表现得也跟液体差不多。彗星这样小一点儿的天体就不是圆的，它们长成了疙疙瘩瘩的不规则形状。这是因为它们的引力太弱，还不足以把自己拉成圆形。冥王星的大小足够使它成为球形，但它比一些“星子”[①]要小,所以它被人们从行星序列除名了。这次除名曾让很多人不安，但其实这只是给行星下的定义不同，也就是语义上的问题。火星比地球小，引力也更小。因此，它把高山往里拉的作用力也更弱。这也是为什么火星上的山可能会比珠穆朗玛峰更高，事实也的确如此。火星如果像乒乓球那么大，它摸起来会比地球粗糙那么一点点。而它的两颗卫星火卫一和火卫二长得就要拧巴得多。它们看上去就跟土豆似的。

“我们的世界静止不动，而太阳、月亮、星星围绕着它转动。”曾几何时，这还被认为是再明显不过的常识。还有什么比这更天经地义的呢？我们脚下的大地稳如磐石。每天，太阳东升西落划过天空。如果足够有耐心，你观察星星位置变化的时候会发现它们也是如此。古希腊数学家阿里斯塔克大概是第一个意识到地球围着太阳运行的人。因为地球的自转，太阳看起来像是划过了天际。这一真相构思大胆，多少个世纪里无人问津，直到波兰的哥白尼让它重见天日。因为这种说法与常识相悖，将之发扬光大的伽利略遭到了酷刑的威胁。

伽利略，你不是认真的吧！你不放弃观点的话，我们就要折磨死你。

---

① 一种由气体和凝聚尘埃组成的太阳星云，存在于太阳系形成的早期。

看看世界地图，你就会发现非洲的西海岸和南美洲的东海岸好像可以拼成一块，就跟拼图一样。有一位勇气可嘉的德国科学家叫阿尔弗雷德·魏格纳。1912 年，他把这一发现真当回事儿，然后进行了研究。他有了这样的观点：从大的框架来看，世界地图的样子是在不断变化的。他提出非洲和南美洲曾经就是连在一起的。在他的有生之年，魏格纳可没少被嘲笑。像大陆这样的庞然大物怎么可能从中间被分为两半呢？而且居然还能分成南美洲和非洲，然后漂流相隔几千英里？但的确就是这么回事儿。

你不是认真的吧！但事实就是如此。

魏格纳说的没错，至少部分没错。直到 1.3 亿年前，非洲和南美洲还连在一起。然后它们就慢慢分开了。那会儿，它们中间的裂缝还很窄，你都可以跳得过去。再往后，你可能可以游过去。而到了今天，你就是坐上极快的航班也得花上几个小时。魏格纳有一个细节搞错了。整个地球的表面都是由紧密连接和互相重叠的“板子”构成，就跟盔甲片一样。今天的我们发现相关的证据比比皆是。这些板子被称作“板块”，而它们也是会移动的。但是它们移动的速度太慢了，我们短暂的有生之年是不会觉察到的。这种移动常被用来和指甲生长的速度相比。但是，指甲生长的速度是平稳的，而板块移动不是。板块的移动忽动忽停。好一会儿察觉不出一点儿动静，但突然它就动了一下，好比地震。确实，板块移动经常伴随着地震。

板块不仅仅包括陆地，每个板块中的大部分其实都位于海底。大陆其实只是板块中居于顶端的高地。不同板块发生挤压的地方，也会出现包括地震在内的多种现象。两个板块可能因为滑动而平行错开。北美西海岸著名的地震诱因圣安地列斯断层便是如此。一个板块可能会滑到另一个板块下面。这样的“俯冲”会造就巨大的山系，比如安第斯山脉、喜马拉雅山脉。印度曾经是个大岛。印度所在的板块往北进发、向亚洲大陆所在的板块强行突进，而喜马拉雅山脉就此诞生。板块构造的证据就是这样神奇，也完全站得住脚。但在这儿我不会深入讲，因为在《自然的魔法》一书中我已经讲了很多了。在这儿我只打算指出一点：板块构造理论着实让人惊讶，而它又跟常识格格不入。

下面要说的就不但惊人而且吓人了。至少我觉得挺吓人的：组成你和你坐的椅子、吃饭的桌子，还有你脚指头踢到的硬石块的统统都是真空结构。

你不是认真的吧！但事实就是如此。

所有物体都是由原子构成的。而每个原子是由原子核以及围绕它“运行”的一团小得多的电子组成的。（我也想找个比“运行”更好的词。这种说法的确有点儿误导人。）而原子核和电子之间空空如也。钻石的坚硬程度已经算是出了名的吧。如我们在第九章里看到的，钻石是由精妙分布的碳原子组成的晶格。想象一下，如果你让碳原子核肿到网球那么大的话，那在钻石的晶格里，离它最近的另一个网球得有 2 千米远。而它们之间完全是空的，因为电子实在是太小了，可以忽略不计。如果你能把自己缩小，一直小到可以用你的小球拍击打原子核的话，那这个晶格里下一个离你最近的“网球”可远得看不见。

我的同行史蒂夫·格兰德（Steve Grand）在他的《创造》（*Creation*）[①]一书中如是写道：

> 想想你儿时的经历，想想你记忆犹新的事情。不管是你看见的还是感觉到的，甚至是闻到的，设身处地想象一下。你曾经亲身经历过，对吧？要不然你怎么能记得住呢？但我要投个重磅炸弹了：你当时根本没在那儿。当年事情发生的时候，今天的你身上的原子没有一个当时在场。

（你不是认真的吧！但事实就是如此。）

① 原书名全称 *Creation : Life and How to Make it*，2001 年初版。

物质漂来漂去，聚在一起稍纵即逝。而那一刻它们组成了你。因此，不管你是什么，你和诞生时已经不是同一回事儿了。如果这还没让你后背发凉，那你再把这段话多读几遍，直到你感到不寒而栗为止。因为这一点太重要了。

这意味着如果某人因为 30 年前犯下的罪行被抓，他便不可能被定罪，因为他们已经不是同一个人了。如果你是陪审团的一员，面对辩护律师的这种说辞你会怎么想？

让人害怕的事情还不仅仅如此。根据爱因斯坦的相对论，如果你坐着一艘接近光速的飞船出发，在飞船上的日历告诉你已经过了 12 个月的时候再回来，那么，虽然对你来说只过了一年，你地球上的朋友们却都已经年迈过世了。你老了一岁，可这个世界已经老了几百岁了。从在地球上人的角度来看，飞船上一切的时间都慢了，而且时钟和日历也走得慢了。但坐在飞船上的人不这么觉得，只觉得飞船上一切正常。所以，当你回到地球的时候，你孙子的孙子都可能比你老了，白胡子长得老长。

你不是认真的吧！但事实就是如此。

科学经常颠覆常识，这就是本章传递的信息。科学带来的意外发现会让人困惑，甚至让人错愕。若要带着理性顺藤摸瓜，即便最终能带来惊喜，那也是需要一些勇气的。真相可能不仅仅是惊喜，也可能令人毛骨悚然。我就觉得量子理论十分诡异，让我感到非常地毛骨悚然。尽管从某种意义上来看它的确是真理。毕竟，实验已经证实利用量子理论所做的数学预测的准确性相当于预测出北美大陆的宽度，而误差不过毫厘。

那我说的“诡异”又是什么呢？这里没空间把那些让人惊掉下巴的实验结果都一一展开讲。我只打算提一下所谓的“哥本哈根诠释”[①]。对于部分诡异的实验结果，它做了解释。根据“哥本哈根诠释”，在量子力学里，除非有人去观察一个事件是否发生，否则这个事件就没发生。这听起来挺傻的，而作为量子理论的奠基人之一，奥地利物理学家埃尔温·薛定谔就曾对此挖苦。薛定谔想象出来一只关在盒子里的猫。盒子里有触发机关可以置猫于死地，而触发机关的事件是量子事件。所以我们打开盒子之前并不知道猫是死是活。所以，毫无疑问，猫一定是非死即活的，对吧？可“哥本哈根诠释”就会说不一定，这也是薛定谔要讽刺的地方。因为根据“哥本哈根诠释”，除非我们把盒子打开，否则猫既不是活的，也没有死掉。这种说法显然很荒谬，而这也是薛定谔所要表达的意思。然而，尽管它很荒谬，可它是根据“哥本哈根诠释”推导而来的。很多著名的物理学家都是“哥本哈根诠释”的

---

① 因主要观点由物理学家玻尔与海森堡等在丹麦哥本哈根提出而得名。

拥趸。有人前不久给我发来一幅可爱的卡通画，画的是一间兽医诊所的候诊室，宠物的主人都在耐心等候。护士从诊室里走出来跟一位先生说："薛定谔先生，关于你的猫，我有好消息，也有坏消息。"现在看觉得挺好玩的。

"哥本哈根诠释"的荒诞之处显而易见。因此，在量子研究领域，这也驱使其他的物理学家转而提出一种称为"多世界诠释"的替代理论。（别跟"多重宇宙论"混淆了，虽然经常有人弄混。我后面很快就会谈到"多重宇宙"。）根据"多世界诠释"，一个世界不断分裂出多个世界，以至于形成上千亿个平行世界。有些世界里，猫已经死了；其他的世界里，猫还活着。有的世界里，我已经死了；其他世界里，我还活着（肯定也包括我正在打这段字的世界）；还有的世界里，我胡子是绿的。在某些方面，"多世界诠释"比"哥本哈根诠释"少了几分荒诞。但在其他方面，它的荒诞甚至又多出了几分。你要是被这两段弄昏了头脑，别担心，因为我也一样。而这正是我要表达的意思：科学真理挺吓人的，而我们需要勇气来面对。

再往前几百年，迫害伽利略的人被"异端邪说"吓到了：地球不仅在自转，还在围着太阳公转。人们和人们脚下那坚固的地球其实都几乎是真空的——不管是谁，第一次发现这点的时候都可能伴随着恐惧。但这也无法阻止它成为真理。迷惑也好，恐惧也罢，在科学真理所呈现的奇妙和美丽面前，它们的存在终究不是主流。面对让人迷惑而恐惧的科学结论时，你需要的是勇气。而带着这样的勇气，你就会有机会领略所有的奇妙和美丽。有了这样的勇气，你也不会再跟在那些不疼不痒、枯燥乏味的迷信后面亦步亦趋，你将会张开双臂迎接那些脑洞大开的真理。在丢掉基督教信仰之后，我的朋友朱丽亚便是如此。

朱丽亚·斯维尼是美国的喜剧演员。她自编自演了一部很好看的舞台剧《放开上帝》。朱丽亚曾经是个信奉天主教的好姑娘。但在她长大的过程中，她开始质疑自己的信仰。很长时间里，她都在苦思冥想，因为很多事情都说不通。人们告诉她宗教使人受益，但在很多方面宗教却似乎让她遭罪。她看了很多关于科学和无神论的书。在她养成了质疑的习惯之后，终于有一天她达到了更高的层次。于是，她听见了脑子里有个微弱的声音，起初只是轻声细语："没有上帝。"然后声音越来越大："没有上帝。"最后声音变成了震颤心灵的呼喊："噢，我的上帝呀！根本没有上帝！"

> 我坐下来想："好吧，我承认：如果我的上帝信仰还要继续维持下去，我觉得现在的证据已经不够了。就算至高存在、至高意识，还有什么超自然统统不存在，世界还是该怎么样就怎么样。"
>
> 而我竭尽所能做出的判断告诉我：比起上帝创造我们的可能性，我们创造上帝的可能性大多了。我不寒而栗，我有种翻了船的感觉……

但我转念又想："可我不知道如何才能不信仰上帝呀。我不知道你是怎么做的。你怎么就能这样爬起来度过一天？"我有一种站不稳的感觉。我又继续想："嗯，要冷静。让我们戴上不相信上帝的眼镜试试，就试一小会儿。戴上没有上帝的眼镜快速环顾四周，然后立刻把眼镜丢掉。"于是，我戴上眼镜四下张望。

有点儿尴尬地说，一开始我有点儿头晕。我真的有过这样的念头："好吧，那地球是怎么待在天上的？你是说我们在太空里横冲直撞？这太脆弱了吧！"我真想跑出去，然后当地球掉出太空的时候把它一把抓到手里。"

然后我就想起来了："哦，对哦。重力和角动量[①]会让我一直围着太阳转的。没准儿会转很长很长时间。"

哪怕会让她走出童年的舒适区，朱丽亚还是选择勇敢追随证据和理性。这章讲的就是你一步步踏上无神论之路时所需的勇气。而在这中间，很大的一步便是关于宇宙起源的。然而，如我在本章开头所说的，理解生命进化所迈出的步子更大。人类已经迈出了这一步，我们可以从中获得勇气。

我时常好奇一个问题：为什么直到 19 世纪中叶，人类才以达尔文为化身跌跌撞撞地搞懂进化论这样完完全全的真理。我希望第八章和第九章已经讲清楚了进化是基于自然选择的。

① 描述物体转动状态的量，又称动量矩。

这真的不难理解，你用不着数学也能搞懂这些道理。达尔文不是数学家，阿尔弗雷德·华莱士也不是。华莱士比达尔文稍晚独立发现了进化论。那为什么 19 世纪以前就没有人发现呢？

为什么亚里士多德没有发现呢？他可是被当作世上最伟大的思想者之一的啊。很大程度上就是他创立了逻辑思维的规则。他对动植物的观察和描述细致入微。但是，动植物们显然也给他提出了这样一个问题："它们为什么在那儿？"亚里士多德对此却毫无头绪。不管是不是在洗澡的时候，阿基米德都能想出一些聪明绝顶的点子。（你可以上网去搜搜。然而，不幸的是，阿基米德从澡盆里一跃而出的故事可能又是虚构出来的。一传十，十传百，就跟我们在第三章里看到的那些故事一样。）但是，他从没想到过基于自然选择的进化论。埃拉托色尼通过比较正午时分两个离得很远的地方的影长，从而计算出地球的周长[①]。太聪明了！他准确测量出地球中轴的倾角，而这一倾角也带来了我们的四季变化。这些丰功伟绩都是我们当中的绝大多数人难以企及的。当那些聪明的古希腊人被动植物（当然还有人类）包围的时候，他们一定也想过这万千生灵怎能如此目的明确？又怎能"被设计得"如此美丽？然而，他们谁也不曾一拍脑袋想到那个达尔文想到

① 埃拉托色尼（Eratosthenes，约公元前 276—前 194）生于希腊在北非的殖民地昔兰尼。他发现每年夏至这天，塞恩城（今天埃及的阿斯旺）正午的阳光正好直射到城内一口井的底部，而在亚历山大城，夏至这天正午的太阳光却会使一座高塔在地面上留下一条影子。通过测量亚历山大城阳光方向与竖直方向之间的夹角，并结合两城之间的距离由此得出地球的周长。

的再简单不过的道理。伽利略不曾想到，牛顿也是。要知道牛顿可能是世上曾活过的最聪明的人[①]。历史上那些伟大的先哲谁也没有想到。这个观点是那样简单，却又那样有力。你可能觉得就算是个傻子也能看到。哪怕这个傻子坐着轮椅，才疏学浅，还不懂数学。你可能觉得比玩普通难度的填字游戏还要简单一些。（我是就我的感觉说的，看到那些晦涩难懂的填字游戏我简直绝望了。）但 19 世纪之前就是没有从想到这样的道理。这一有力而简单的道理激动人心，与世界上那么多伟大的头脑失之交臂，却落到了达尔文和华莱士身上。他俩没有数学家的背景，都是崇尚游历的自然学者和标本收集爱好者。似乎在差不多的时候，第三个人也独立地发现了这个道理——苏格兰一个叫帕特里克·马修的果农[②]。

为什么花了这么长时间呢？我认为，在先人看来，生物体构造复杂、美丽多姿，而又“目的明确”。它们看上去太像是由智慧的造物主设计出来的，所以，要想考虑其他的可能性，要格外有勇气才行。我这里说的勇气不是物理层面上的

---

① 牛顿是个各种矛盾的复杂结合体。说他是理性的科学家吧，他一生浪费了大量时间像傻子一样想把贱金属炼成黄金。剩下的日子里他还花了大量时间傻乎乎地去分析《圣经》，研究里面提到的那些数字的意义。顺便说一句，跟达尔文不同，牛顿的为人还不怎么样，虽说这跟聪不聪明没什么关系。他对自己的竞争对手罗伯特·胡克（Robert Hooke）态度恶劣。可要论是因为嫉妒心，你可能觉得应该是反过来才对。他养了一条叫“钻石”的狗。与对待胡克的态度相反，当钻石打翻了油灯让牛顿正在写的重要论文化为灰烬的时候，他却没有大发雷霆。他只是大喊道：“哦，钻石啊钻石！你不知道你干了什么好事！”至少，广为人知的故事是这么说的。有的历史学家说这件事根本没有发生过。这又是一个很好的例子，可以加在第三章的那些故事里面用来说明传说是怎么诞生的。——作者注

② 他于 1831 年提出了物种进化和形成过程中自然选择的一些基本概念，但是并未加以继续深入研究或将这一观点加以推广。

勇气，比如打仗时士兵的勇气。我这里说的是拥有智慧的勇气——有勇气对明显可笑的事情深思熟虑，然后说：“你不是认真的吧！但不管针对什么例子，都让我们冒险检验一下吧，对所有的可能性我们都一视同仁。”曾经，如果说炮弹和羽毛会以相同的速度下落，那该是多么“显而易见”地可笑。但是，伽利略带着拥有智慧的勇气前去一试，证明果然如此。要说非洲和南美洲曾经连为一体而后慢慢漂流分开，这也好像是个彻头彻尾的笑谈。但魏格纳就有勇气去看看这样的观点能推导出什么结论。面对人类的眼睛这样“显然”是设计出来的东西，要说它根本不是设计似乎同样荒诞不经。但达尔文就是有勇气去面对这样“荒诞”的可能性，而现在我们知道他说的没错。不仅人类的眼睛如此，万千生灵的每个细枝末节莫不如是。

基于自然选择的进化论，这个简单的真理凝视着那样多的面庞——所有古希腊的智者，还有达尔文之前所有的伟大数学家、哲学家。面对显而易见的事情，他们当中无一人胆敢违抗。他们对自下而上这样精妙的解释视而不见，而满纸写下似乎皆是错误的自上而下创造论。富含真理的解释极其简单，这也意味着：如果想要对其孜孜以求并将细节展开，那就需要更大的勇气。那么多智慧的头脑都无缘发现自然选择，恰恰是因为自然选择的道理太简单了。面对如此复杂多样的生命形态，有人会觉得自然选择太过简单，以至于它难堪解释生命全部奥秘的大任。

我们现在知道了：在证据面前，除了“达尔文是对的”你得不出别的结论。但尚有一些细节需要加以澄清。比如，进化的过程在40亿年前究竟是如何开始的，我们还不知道。然而，生命如何变得如此复杂多样，又如何“被设计得”这般美丽，诸如此类的主要奥秘我们已经搞清了。不管是达尔文还是伽利略、魏格纳，他们都拥有智慧的勇气。而这样的勇气应该激励我们在未来走得更远。这也是我在本书的最后一个观点。有些提议显然很可笑，但到头来却是真理。一个个这样的例子足以给我们新的勇气。由此，我们可以面对未解的重大谜题：宇宙是怎么起源的？宇宙运行的法则又是从哪里来的？

出于严谨，在我们接着往下讲之前，我还要顺便多说两句。伽利略、达尔文、魏格纳大胆地提出了惊人的观点，而他们的观点是对的。还有许许多多的人也大胆地提出了惊人的观点，但他们的观点不仅错了，还错得离谱。光有勇气是不够的，你还得继续证明你的观点是对的。

过去的几百年间我们对于宇宙的认识不断扩大。但宇宙本身也在片刻不停地膨胀。曾几何时，人们认为地球就差不多是整个宇宙，头顶上日月旋转，天空是个半球形的壳，透过小孔射出点点星光。而今天的我们知道，宇宙之大超乎所有人的想象。可今天的我们也知道，很久以前，宇宙之小也超出所有人的想象。根据目前的估计，我们还知道那是138亿年前的事情。

到了20世纪，人们才发现宇宙在不断膨胀。对于很多今天仍然健在的人来说，在他们生下来的时候，宇宙包含一个银河系，我102岁的母亲就是其中之一。而现在她被告知她生活的宇宙却包含了1 000亿个星系。因为宇宙本身还在不断膨胀，所以这些星系还在渐行渐远。当然我这么说不是很准确，不管是我的母亲，还是莎士比亚、伽利略、阿基米德或者恐龙，都出生在同一个不断膨胀的宇宙中。但是在我母亲出生的1916年，没人知道在我们称之为“银河”的星系以外还别有洞天。对曾经的我们而言，银河系就是宇宙。但即便是这点，在伽利略的时代也无人知晓。就算大家都对其一无所知，科学真理也还是真理。它们在人类出现以前就是真理，当人类消亡之后仍将是。很多在别的方面堪称智者的人，却没有懂得这样一个关键的道理。

纵使我们仍在膨胀的宇宙拥有1 000亿个星系，它也可能不是唯一的宇宙。很多科学家有足够的理由相信像我们这样的宇宙还有好几十亿个。基于这种观点，我们所在的宇宙不过是几十亿个“多重宇宙”中的一个。我们过会儿再来看看这一点。

关于我们这个宇宙最早期的历史，关于那时候发生了什么，今天的物理学家们已经了解很多了。我说的“最早期”指的是宇宙诞生之后的那一秒，最初的那一点点时间，而且也不仅仅是“宇宙诞生之后”，还指的是时间本身诞生之后。“时间诞生”，这是什么意思？那在这之前发生的是什么？物理学家告诉我们：这个问题根本就不成立。或者按他们的意思，这就等于在问：北极的北边是哪里？但是，如果我们的宇宙真的是几十亿个多重宇宙中的一个，那这种不成立可能仅对我们这个宇宙有效。

现如今，信奉上帝的人当中也不乏受过良好教育的。要说生物世界是造物主存在的证据，连他们自己也已经不再坚持了。这是因为达尔文的进化论已经对生物界进行了完整的阐释，而他们认识到了这一点。于是他们转而求助于别的论点。他们把注意力转移到其他的“空白”上。在我看来这未免有些孤注一掷。宇宙学、万物起源便是这样的“空白”，这其中还包括基本的物理法则和常数。

我有必要解释一下什么是基本物理常数。有些数字你是可以测量出来的，比如银原子里有多少个质子。有些数字你是可以估计出来的，比如一杯水里有多少个水分子。还有一些数字之所以存在是因为它在数学上很有必要，比如圆周率 π。这个数字在数学里还有很多其他不错的应用。但是，还有一种数字，物理学家也不知道它为什么就是这个值，但他们就拿来用了。

重力常数就是这样的一个例子，它用字母 G 来表示。你还记得我们从牛顿那里学到的吧：宇宙里的任何两个物体之间都有相互吸引力，不管是星球，还是炮弹、羽毛，都是如此。两个物体距离越远，它们之间的引力就越小。（引力大小与它们之间的距离的平方成反比。）物体的质量越大，引力就越大。(引力大小与两个物体质量相乘的积成正比。)但是，当你要算究竟引力是多少的时候，你最后还得乘上一个重力常数 G。物理学家相信不管到了宇宙的什么地方，G 都不会变。但是他们不知道为什么 G 就是这个值。G 的值不同的宇宙也有可能存在，但 G 的数值哪怕变了一点点，整个宇宙的面貌都会天翻地覆。

如果 G 比现在的值小，引力就会太弱了，弱到没有办法让物质聚集，那么就不会有银河，不会有化学反应，不会有行星，也不会有进化和生命。如果 G 的值比现在的稍微大一点儿，我们所知的星辰将不复存在，它们如今所有的形态都会消失，因为自身的重力就足以让它们自己坍缩，或许就变成了黑洞。星辰、行星、进化、生命都将化为乌有。

G 只是物理常数中的一个，其他的还有光速 c、把原子核各部分聚集在一起的“强相互作用力”。这样的常数还有不下 10 个。每个常数都用一个数值来表示，但目前还没有人能解释为什么就是这个值。你可以这么说：只要这中间任何一个常数的值变了一点儿，我们所知的宇宙都将不复存在。

此情此景让神学家们寄希望于上帝的存在。他们认为上帝一定偷偷藏在某个地方。这就好像每个基本常数的值都是用转来转去的那种旋钮来设定的，跟老式收音机上的那种旋钮一样。所有的旋钮都必须调到正确的频道上，这样我们所知的宇宙才可以存在，我们也才可以因此存在。人们也不禁相信这精妙的调频是由某种创造性的智慧来操作的。而这个操纵旋钮转动的非凡存在正是某种意义上的神。

基于我们前面几章看到的理由，对于这种陷阱我们应当斩钉截铁地说不。每个旋钮转动的方向可以多种多样，偏偏它们都被调得这么准，这似乎是个不大可能的事情。但是，不管实现这样的精准调频概率多小，至少，调频大神的存在概率也大不到哪儿去。不然他如何知道该怎么调？为了讲道理就把神牵扯进来，那问题非但解决不了，反倒是要走回头路。很明显，用神来解释等于没解释。

生物界存在着那么多不大可能的事情。这构成了一个大难题，而解决难题的是达尔文。在达尔文出现以前，谁要是胆敢质疑神创生命，本章开头反复出现的话“你不是认真的吧”就足以狠狠地击中其要害。比起其他质疑，可能对于生命起源的质疑所能吸引的火力是最大的。燕子飞行时速度惊人、姿态优美，信天翁和秃鹫飞行时就像有精准的操控装置；大脑和视网膜的构造错综复杂，就更不用去细细分析大象全身千万亿级的细胞，或是孔雀和蜂鸟那耀眼的美丽从何而来。物理法则可是无人帮助、无人指导、无人监督的。生物界能变得如此复杂，仅仅靠物理法则就能实现？

与这样的复杂相比，物理法则和物理常数相对简单。要解释它们的起源应该相对容易才对。但我们要承认的是这个难题并未被破解。然而，连生命这个更大的谜题都被达尔文和他的后继者成功解开了，他们还搞清了为了延续生命旋钮都进行过怎样的调整。特别是还有许多其他了不起的科学成就加入了达尔文的行列，这些都应是我们勇气的源泉。我们对于这一系列的科学成就都很熟悉。没有抗生素、疫苗和现代科学手术的话，我们很多人都会夭折。没有科学带来的工程学进步，我们没几个人可以离家远行。农业没有科学进步，我们大多数人都要饿肚子。但是，在这里我只打算挑出一个科学领域特别加以关注。这个领域和我们关心的深刻问题息息相关——今天的宇宙是怎么形成的？

宇宙学家虽然散布世界各地，但他们互相添砖加瓦，已经逐渐建构起了细节丰富的理论体系。这些理论讲的是宇宙在大爆炸之后发生了什么。但是你怎么检验他们的理论是对是错呢？你需要设定“初始条件”，也就是你所认为的紧接着大爆炸之后物质的形态。如果你的理论是正确的，就用它逐步推演今天的世界应该是什么样子的。换句话说，就是用你的理论从遥远的过去预测今天的样子，然后对比今天的实际状况，就能知道你的预测对不对了。

你可能觉得用数学证明就能做这样的推导。不幸的是，这其中的细节太复杂了，用数学推导也难以实现。比如，旋转的星云由气体和尘埃构成。由于引力，这些气体和尘埃之间会产生许多细微的相互作用，而这个数字得几十亿几十亿地计算。要解决如此庞杂的问题，唯有找一台计算机建立“模型”才行。运行计算机模型的时候，你就可以看到接下来会发生什么。这跟我们在第十章里看到的克莱格·雷诺兹做的“人工生命”程序很像。但这个模型要复杂得多。我说“一台计算机”也是为了省事。要想模拟宇宙的演化，所需的计算量实在是太大了。不管它有多大，区区一台计算机想要完成门都没有。迄今为止，相关领域最先进的计算机模拟项目被称作“揭示计划”（Illustris）。这一计划需要的不只是1台电脑，而是8192台同时运行的计算机处理器。它们不是一般意义上的计算机，而是超级计算机。“揭示计划”模拟的时间段不是从大爆炸开始的，它的起始点是大爆炸之后的30万年。和之后的138亿年相比，30万年已经是非常短的一段时间了。尽管超级计算机的运算能力非同凡响，它们也不可能模拟出每一个原子的每个细节。尽管如此，能将模拟出的宇宙形态和今天的现实情况做比较，这已经很了不起了。

图13里面还有个把戏。这张图其实是上下割裂开的。有一半是真实的宇宙，即著名的哈勃深空照片，由哈勃空间望远镜1995年拍摄。另一半宇宙是“揭示计划”模拟出来的。你能看出其中的区别吗？我反正不能。

科学难道不神奇吗？如果你觉得自己发现了我们认知体系中的一个缺口，然后想用上帝把这个缺口填上的话，我的建议是：“回头看看历史吧，别跟科学打赌。”

正如我所说的，“揭示计划”的模拟是从大爆炸之后30万年开始的。那让我们再往前看，回到宇宙本原，去看看基本常数，还有那个“精确调频”的论据：怎么所有的旋钮位置就能都拨得恰到好处呢？这次我们从一个有意思的观点开始。这个观点被称为“人择原理”（anthropic principle）。

Anthropos 这个词在希腊语里就是“人类”的意思。所以就有了人类学（anthropology）这个词。我们人类是一种存在。我们之所以知道自己的存在，是因为我们在这思考着自己的存在问题。所以，我们生存的这个宇宙就得是这个样子的，它得有能力创造我们人类。我们栖息的这个星球也必须具备产生人类的条件。我们被绿色植物环绕并非偶然。可以思考自身存在问题的生命体，在没有植物（或者其他对等物）的星球上是不会产生出来的。我们需要绿色植物，因为它们是我们食物的终极来源。我们可以看到星空也非偶然。一个没有星星的宇宙也就意味着那里不会有比氢和氦更重的化学物质。若是一个宇宙只有氢和氦，那它也就缺乏足够丰富的化学元素来开启生命的进化。“人择原理”太过显而易见了，几乎犯不着特别拿出来说，但它仍然很关键。

我们所知的生命形态都需要液态水。而水只在很窄的温度区间内会成为液态。太冷的话水就结成了冰，太热的话水又变成了蒸汽。我们这颗行星碰巧离太阳不远也不近，所以水可以成为液态。而对宇宙中的大多数行星而言，它们不是像冥王星一样离它的恒星太远，就是像水星一样离它的恒星太近。（对，我知道冥王星已经不再被归为行星了，但我想表达的意思依然成立。）每颗恒星都有自己的“宜居带”

（Goldilocks Zone）①，就跟小熊碗里的粥一样，不冷不热“刚刚好”。地球就刚好处在太阳的宜居带里。水星和冥王星就不在，且它们处于两个相反的方向。但是，按照“人择原理”，地球当然得在宜居带里，因为我们存在着呀。如果我们的行星不在宜居带里，我们也不会存在了。

行星适用的道理整个宇宙也同样适用。正如我前面提到的，物理学家们有充足的理由相信我们所处的宇宙只是“多重宇宙”里的一个。“多重宇宙”是从一个叫作“宇宙暴胀”的理论延伸而来的，至少根据某些学者的解释是这么回事。这种认识今天已经被大多数宇宙学家接受。尽管如此，在科学界没有什么理论比它适合用“你不是认真的吧”这句话回应的了。而且，面对这几十亿个不同的宇宙，我们并不能推测它们的运行法则和基本常数全都一样。旋钮转盘上的引力常数 G 可能会被调到任意一个位置。或许只有为数不多的宇宙能把 G 调到“甜蜜点”上。能符合“金发姑娘原则”的宜居宇宙也只是少数，而只有在这些宜居的宇宙里，运行法则和基本常数“刚刚好”可以最终进化出生命。当然，我们所在的宇宙便在这少数派当中（这里的依据依然还是“人择原理”）。人类的存在决定了我们这个宇宙肯定是符合“金凤花条件”的。可能有几十亿个不太友好的宇宙平行存在，而我

---

① 英文原文的中 Goldilocks（金发姑娘）出自 19 世纪的英国童话故事《金凤花姑娘和三只小熊》。迷路的金凤花姑娘走进了三只小熊的房子，她尝了三只碗里的粥，发现不冷不热的一碗粥最适合她。于是英语里这种选择适中事物的原则就叫“金凤花条件”。

们这个友好的宇宙偏偏就是那个符合“金凤花条件”的。

你不是认真的吧！

然而，现在跟上一句“但事实就是如此”还为时过早。针对这个问题，物理学家还需要做更多的功课。我们现在只能说未来可期。我还要说一点，这也是最后一章的主旨：因为有人大胆迈入令人恐惧的空白地带，一开始似乎不大可能的事情才最终变成了真理。这种事情在科学史上屡见不鲜。要想获得勇气，我觉得两手都要硬：要变得成熟，放弃对神的迷信。你不这么觉得吗？

图片来源

图 1：安德斯·莱曼（Anders Ryman）/ 盖蒂图片社（Getty）

图 2：丹尼斯–胡奥特（Denis-Huot）/naturepl.com

图 3：斯沃波达·帕威尔（Svoboda Pavel）/ 美国 Shutterstock 图片社

图 4-6：罗杰·汉伦

图 7：罗恩·奥弗曼斯（Ron Offermans）/ 荷兰 Buitenbeeld 自然图片社 / 美国 Minden 自然图片社 / 盖蒂图片社

图 8：阿莱克斯·海德（Alex Hyde）提供全部图片

图 9：（第一行靠左）马丁·福勒（Martin Fowler）/Shutterstock

（第一行靠右）莫诺图尔（Monontour）/Shutterstock

（第二行靠左）丽莎·玛尔（Lisa Mar）/ Shutterstock

（第二行靠右）加旺瓜林（Kawongwarin）/ Shutterstock

（第三行靠左）西蒙·布拉特（Simon Bratt）/Shutterstock

（第三行靠右）Aprilflower7/ Shutterstock

图 10：（靠左）菲奥娜·斯图尔特 （靠右）来源未知

图 11：大卫·提普林（David Tipling）/ naturepl.com

图 12：吉尔·范塔乌扎

图 13："揭示计划"模拟图 /illustris-project.org

第 193 页标本及插图由卡尔斯·米兰（Carles Millan）提供